H. ARAGON

AF465008

Un Coin de la Banlieue Toulousaine

LE PLATEAU DE LARDENNE

SAINT-SIMON EN ARDENNE-HAUTE

TOULOUSE

IMPRIMERIE SAINT-CYPRIEN

27, ALLÉES DE GARONNE, 27

1905

BIBLIOTHÈQUE NATIONALE IMPRIMÉS

Lk7
5643

UN COIN DE LA BANLIEUE TOULOUSAINE

BIBLIOTHÈQUE NATIONALE
IMPRIMÉS
R.F.

Le Plateau de Lardenne.

Saint-Simon en Ardenne-Haute.

VU ET APPROUVÉ :

† AUGUSTIN, *Arch. de Toulouse.*

H. ARAGON

Un Coin de la Banlieue Toulousaine

IMPRIMÉS

LE PLATEAU DE LARDENNE

SAINT-SIMON EN ARDENNE-HAUTE

TOULOUSE

IMPRIMERIE SAINT-CYPRIEN

27, ALLÉES DE GARONNE, 27

1905

AUX HABITANTS DE SAINT-SIMON

ET DU PLATEAU DE LARDENNE

Hommage de laborieuses recherches.

AVANT-PROPOS

BIBLIOTHÈQUE NATIONALE R.F. IMPRIMÉS

*Nous nous proposons, dans cette modeste monographie, d'écrire l'*Histoire de la Paroisse *qui nous est confiée. Partout où la divine Providence a voulu nous placer, pendant le cours d'un ministère déjà long, nous avons considéré comme un devoir de faire revivre le passé et de faire connaître ainsi à la génération actuelle, ainsi qu'à celles qui viendront après, des faits intéressants, ensevelis dans la poussière des archives et épars çà et là dans de vieux manuscrits. Dans ce but, nous avons écrit les* Monographies *d'*Aussonne, *de* Saint-Léon, *de* Saint-Julia *et tout récemment une* Histoire populaire de Toulouse. *Ces divers travaux ont tous obtenu, au concours de sociétés savantes, des récompenses qui ont été pour nous un bien précieux encouragement.*

En cela nous croyons faire une œuvre utile, pour nos paroissiens d'abord et pour l'histoire générale ensuite. Humble ouvrier, nous assemblons les matériaux qui serviront un jour à écrire une Histoire générale, *basée sur des documents certains. Simple initiateur, nous désirons que notre exemple soit suivi et que bientôt il n'y ait pas en France un seul village, une seule paroisse, qui n'ait eu son historien. Nous sa-*

vons qu'un tel travail n'est pas œuvre facile. Le lecteur d'une Monographie *ne se figure pas quelle somme de patience et de temps il a fallu pour recueillir des documents épars, les classer, et en faire une* Histoire, *cette Histoire ne se composât-elle seulement que de quelques pages...*

Le territoire de Saint-Simon faisant partie de la banlieue Toulousaine, son histoire, si histoire il peut y avoir pour ce petit coin de terre, se rattache à celle de cette ville. Mais Saint-Simon a eu un château, une église, de riches et nobles propriétaires qui ont laissé leur nom à des chemins et à des maisons qui existent encore. Il sera intéressant, en remontant le plus possible aux origines, de connaître ce que fut le territoire de Saint-Simon dans les temps passés et ce qu'il est aujourd'hui. Cette Histoire, d'ailleurs, sera aussi celle de la paroisse de Lafourguette dont le territoire, en grande partie, appartenait à la paroisse de Saint-Simon. Dans les notions générales, ce sera aussi celle de Lardenne, et, par conséquent, l'histoire du plateau qui domine Toulouse à l'ouest.

Nous dédions spécialement ce travail aux habitants de Saint-Simon, et à ceux de Lafourguette et de Lardenne. Puisse-t-il leur faire aimer de plus en plus leur petite patrie!

CHAPITRE PREMIER

Le Plateau de Lardenne. — Notions géologiques et topographiques.

1° Notions géologiques.

Le territoire de Saint-Simon se trouve situé sur le plateau de Lardenne, à l'ouest de Toulouse, à 152 mètres d'altitude. Ce plateau, dit M. Leymerie (1), est le dernier des étages qui, partant des Pyrénées, aboutissent à la Garonne, à Toulouse. Ces étages superposés constituaient primitivement une immense vallée comblée peu à peu par les eaux diluviennes, qui, à des époques indéterminées, s'échappèrent violemment des glaciers des Pyrénées et formèrent des cours d'eaux extraordinaires qui déposèrent successivement, à l'époque de diverses révolutions, des matières empruntées aux montagnes et transportées par la violence des eaux dans l'immense plaine, matières qui consistent généralement en graviers, cailloux

(1) Leymerie, *Eléments de Géologie*, pages 149 et suivantes.

roulés, en limons et argiles sableux et férifères. Ces dépôts varient entre trois et six mètres, et reposent sur un terrain tertiaire *marno-sableux*, appelé vulgairement *Boulbène*.

Si nous donnons ces notions géologiques, c'est pour répondre à une question qui nous a été souvent posée : Pourquoi y a-t-il sur le territoire de Lardenne et de Saint-Simon tant de cailloux, qui semblent avoir été roulés par une rivière ? C'est que la rivière a existé un jour, large et profonde, et, en se retirant insensiblement, elle a déposé les débris de minerai de pierre, de cailloux, venant des montagnes et que les torrents avaient entraînés.

Ces bouleversements extraordinaires eurent lieu à une époque très éloignée que la science ne peut sûrement déterminer, époque désignée sous le nom de *Diluvienne*.

Mais d'où venait cette grande quantité d'eau qui couvrit pendant longtemps l'immense vallée sous-pyrénéenne, à une hauteur dont les collines de la rive droite de la Garonne semblent être la base ? Ecoutons la réponse du savant géologue cité plus haut : « En partie, sans doute, des pluies diluviennes qui devaient tomber sur la montagne, ou bien encore de la fusion d'une immense quantité de glace ou de neige, dont le massif pyrénéen était couvert, qui fut soumise à l'action intense, intermittente et latente d'une forte chaleur. L'eau chercha une issue et creusa une vallée primitivement égale ; elle y fit des dépôts considérables. Peu à peu, pour s'écouler plus rapidement, elle fit un creusement dans le dépôt précédent, créant ainsi une vallée moins large que la première. Ainsi la vallée sur laquelle Toulouse et Lalande sont situées ainsi que toute la plaine de la Garonne, au-dessous du plateau de Lardenne, serait le résultat d'abord d'un creusement opéré par les eaux, et plus tard d'un comblement exercé par le dépôt des eaux, sur la lisière du plateau inférieur de Lardenne (1). »

Quatre grandes terrasses précèdent la vallée proprement dite de la Garonne, dit le même auteur, ce sont celles de Saint-Gaudens, sous la forme d'un plateau d'une horizontalité presque parfaite. A partir de Martres, il s'établit dans la vallée, à la gauche du fleuve, *trois* niveaux en forme de plaine qui se continuent jusqu'au confluent du Tarn. — Le plan inférieur est celui de la vallée; le plus élevé correspond au plateau de Saint-Gaudens.

Dans le pays Toulousain ces trois niveaux sont très marqués. — Trois terrasses bien dessinées surmontent la vallée de la Garonne à Toulouse. Celle de Léguevin (terrasse supérieure), celle de Colomiers (terrasse moyenne 180^{m}), celle de Lardenne (152^{m}) et enfin la vallée (Saint-Cyprien, 140^{m}).

On peut distinguer trois phases dans la formation de la vallée de la Garonne à Toulouse. — Dans la première, les eaux diluviennes auraient creusé d'abord l'ancien plateau tertiaire supposé continu, et l'auraient ensuite comblé jusqu'à la profondeur indiquée par l'altitude de la terrasse supérieure. La vallée, à

---

(1) Leymerie, 514. pp. 513, 514.

cette époque, aurait eu pour largeur toute la distance qui sépare la limite de cette terrasse au-dessous de Pujaudran, des coteaux de Guillеméry et de Pech-David, c'est-à-dire cinq lieues.

Un peu plus au Nord, une recrudescence dans la vitesse et le volume de ces eaux aurait donné naissance à un fond de vallée moins large compris entre Léguevin et Colomiers. Il en fut de même pour les plateaux compris entre Colomiers et Toulouse. La vallée de la Garonne à Toulouse, serait le résultat de l'action d'érosion d'abord et puis de comblement exercé sur la lisière du plateau inférieur de Lardenne (1).

2° Notions topographiques.

Le plateau de Lardenne se divise en deux parties : l'Ardenne-Haute et l'Ardenne-Basse. Le territoire de Saint-Simon se trouve en grande partie en l'Ardenne-Haute (2).

Ce plateau appartient à la banlieue toulousaine. Il est borné, au Nord, par Toulouse ; au Levant, par Lafourguette et Portet ; au Midi, par Cugnaux et Tournefeuille ; au Couchant, par le Touch et la Garonne.

Voici quelles étaient au dix-huitième siècle et quelles sont encore les limites de la banlieue toulou-

---

(1) Leymerie, *Eléments de Géologie.*

(2) Les actes notariés spécifient toujours ce territoire en ces termes : Saint-Simon en Ardenne-Haute.

saine, dont les habitants étaient exempts des droits de *Loods* et de *Péage* (1). Le bornage commence, du côté ouest de Toulouse, au confluent du *Touch*, sous l'église Saint-Michel-du-Château, rive gauche de la Garonne, et va rejoindre la rive droite en face de ce point en passant par Rieustros, le gué de Bordes, la fontaine de Larramet, les clôtures de Saint-André, la Croix de Cugno (*sic*), la Croix de Guilhem-Arnaud-Dupont, et la Garonne sous Pouvourville.

Le terrain de Lardenne fut primitivement couvert de bois et de broussailles, et formait une immense forêt; de là est venu, probablement, le nom d'Ardenne, car en langue celtique ce nom veut dire forêt. Certains veulent que ce mot Lardenne soit la corruption du mot *Arènes*, à cause des arènes qui se trouvaient sur ce plateau; d'autres enfin lui donnent pour racine le mot *Ardens*, terrain ardent.

Quand on commença à défricher ce plateau inculte, on s'aperçut bien vite que ce terrain était propice à la vigne. Aussi se livra-t-on spécialement à cette culture dès les temps les plus reculés. Les plus anciens cadastres de l'Hôtel de Ville mentionnent l'existence de très nombreuses vignes sur tout ce territoire.

Une nappe d'eau souterraine, que l'on trouve entre six et huit mètres de profondeur, alimente des puits nombreux qui ne tarissent jamais. L'eau est légère, agréable à boire et un peu ferrugineuse. Son abon-

---

(1) Archives municipales du Donjon, C. A. A. 3, nº 91.

dance a permis aux habitants de créer des jardins, qui, grâce à des arrosages fréquents, sont la source d'excellents revenus, quand le *vent d'autan*, qui souffle d'une manière violente sur le plateau, la sécheresse et les nombreuses maladies de la vigne, ne viennent point détruire souvent les meilleures espérances et priver l'agriculteur des ressources que méritait bien un labeur pénible et constant.

Les chemins les plus anciens du plateau de Saint-Simon étaient : 1° Le chemin de Toulouse à Villeneuve (1) ; 2° Le chemin de Toulouse à Cugnaux ; 3° Le chemin des Arcs, qui partait des environs de la Cépière et conduisait l'eau du plateau, centralisée en ce lieu, par un aqueduc monté sur des arceaux (2) ; 4° Le chemin de *Bache-Came* (chemin bas), qui, partant de l'Ardenne-Haute (du Tucau), conduisait en Ardenne-Basse par Fontaine-Lestang, et de là à Toulouse en descendant le plateau. Ce chemin existe encore sous le même nom. Mais un autre chemin, qui n'existe plus et qui était le principal, était celui qui partant du château et de la vieille église de Saint-Simon allait rejoindre, en faisant un circuit, le château de *Saint-Michel*, sis à l'autre extrémité du plateau, au confluent du Touch et de la Garonne.

Les chemins actuels de Saint-Simon (car, dans cette étude, nous nous occupons spécialement de

---

(1) Chemin actuel de Toulouse à Villeneuve, par Lafourguette.

(2) Les vestiges de ces arceaux existaient encore au commencement du siècle dernier. De là le nom, au faubourg Saint-Cyprien, de rue des Arcs.

cette partie du plateau), aujourd'hui si bien entretenus, existaient aussi à l'état de petits sentiers, mentionnés dans les cadastres anciens, sous les noms suivants : *les Hieys* de Canto-Laousetto, du Loup, du Renard, des Brugues, etc., etc.

Avant 1789, les différents quartiers s'appelaient : *Le clot de Loung*, *Les Brugues*, *l'Oratoire*, *Regue-Longue*, *Baisse-Cambe*, *Picot*, *Falgaires de la Jardine*, *Canto-Laousetto*, *le Loup*, *Thibaut*, *Lafourguette*, *Villenouvelle* et *Candie* (1).

Les eaux de source sont très abondantes à la déclivité *Est* de ce territoire. Leur limpidité et leur volume considérable portèrent les Gallo-Romains à les capter et à les conduire à Toulouse, par des aqueducs dont on trouve encore des traces dans toutes les propriétés situées sur le penchant du chemin de Fontaine-Lestang.

Nous ne voulons pas terminer cette notice topographique sans essayer de donner l'origine des noms des différents quartiers ou chemins, sis en Ardenne-Haute, quartier de Saint-Simon.

Le Tucau : Du mot *Tuc* (promontoire, lieu élevé). C'est, en effet, la partie supérieure du plateau.

Candie : Tire son nom du sieur Candie, dernier seigneur de Saint-Simon.

Francazal : Du sieur Francazal qui, le premier, défricha au quinzième siècle une partie du territoire

---

(1) *Archives départementales.*

qui porte son nom et qui lui fut donnée par le seigneur de Saint-Simon (1).

Monlon : Du sieur de Monlon, bourgeois de Toulouse, qui, au dix-huitième siècle, possédait le domaine qui porte encore son nom.

Les Juistes : Des Pères Jésuites qui, au dix-septième siècle, étaient propriétaires fonciers en ce lieu.

Renairi : De Renairi, marchand de Toulouse qui, au dix-septième siècle, possédait des biens en ces lieux.

Fontaine-Lestang : Du président de *Lestang*, dont le domaine était situé sur le penchant du plateau.

Fontaine : à cause de l'abondance de ses sources.

La Tourasse : D'une grande habitation, flanquée, sur ses côtés, d'une grosse tour. Cette propriété, ainsi que l'*Infirmerie* (domaine Razouls), appartenait aux Bénédictins de la Daurade.

Bache-Came (Chemin Bas) : Chemin qui conduisait d'Ardenne-Haute en Ardenne-Basse et de là dans la plaine jusques à Toulouse.

Canto-Laousetto : Probablement ce chemin est ainsi appelé à cause des alouettes qui se groupaient de préférence dans les vastes champs de ce territoire ; ou bien d'une propriété qui avait reçu ce nom. Ce chemin est très ancien.

Régue-Longue (Rego-Loungo) : Cette principale rue de Saint-Simon est ainsi nommée à cause de sa longueur ; elle a près d'un kilomètre, ce chemin est droit

(1) Francazal appartient aux hospices de Toulouse.

comme le sillon tracé par le laboureur *(rego)* ; les anciens racontent que, lorsqu'on voulut faire ce chemin, on en confia le soin à un *laboureur* qui traça un si long sillon, que le peuple l'appella *Rego-Loungo*. Depuis quand ce chemin existe-t-il ? Depuis longtemps, car les anciens cadastres en font toujours mention.

Coin du Loup : Mentionné sous ce nom dans les anciens cadastres ; ainsi appelé, sans doute, à cause de son isolement et du petit nombre d'habitations qui l'entouraient. A côté se trouvait un autre chemin, qui est celui de *Canto-Laousetto* à Montlon, désigné dans les vieux cadastres sous le nom de coin du *Renard*.

Coin de Sébet : S'appelait autrefois coin de *Tournier*, parce qu'il conduisait aux château et propriété de M. de Tournier, aujourd'hui propriété de M. Sage.

Coin fermé : Chemin *sans issue* s'ouvrant sur la route aboutissant au grand chemin de Cugnaux.

L'Oratoire : Quartier situé aux quatre chemins de Cugnaux, Toulouse, Candie, Tournefeuille. Il tire son nom d'un oratoire très ancien, dédié à la sainte Vierge et qui se trouvait à l'angle gauche qui sépare le territoire de Cugnaux de celui de Saint-Simon.

Entre *l'Oratoire* et *Regue-Longue* se trouvait un château précédé d'une belle allée qui se nommait *Picot*. C'était sans doute un des domaines de M. Picot de Lapeyrouse, le plus grand propriétaire terrier de Saint-Simon. En 1723, il possédait deux cent neuf arpents de vignes et sur ces terres dont il était le *sei-*

gneur direct (1) se trouvaient soixante-neuf maisons habitées par soixante-quatre hommes, cinquante-une femmes et trente-neuf enfants, plus vingt-sept bientenants (2).

Aux environs de Règue-Longue, vers la route de Cugnaux, se trouve un quartier que les anciens appellent encore *Guilhermy ;* — ce nom vient de M. de Guilhermin, seigneur de Seysses, conseiller au Parlement, qui avait la *directe* sur cent onze arpents et demi, au milieu desquels se trouvaient quarante maisons habitées par trente-neuf hommes, quarante femmes, trente enfants et vingt-quatre bientenants. M. de Guilhermin portait le titre de seigneur des *Brugues*.

Le chemin de Foulquier : Tire son nom de *Foulquier,* conseiller au Parlement. Il possédait à la fin du dix-huitième siècle, dans le quartier qui porte ce nom, une belle maison d'habitation précédée d'une magnifique allée. C'est sans doute à l'extrémité de cette allée que se trouvait la statue mutilée mais encore debout de la Sainte Vierge, objet depuis longtemps d'une pieuse vénération.

---

(1) Seigneurie de laquelle relevait immédiatement un fief ou un héritage possédé en roture, en reconnaissance de laquelle certains droits étaient dus à celui qui avait la directe, si cet héritage était vendu.

(2) Ce seigneur adressa une réclamation à l'Archevêque de Toulouse pour obtenir que l'église de *Candie* fût transportée au centre du territoire, ses gens étant à plus de demi-lieue. (Archives de la Haute-Garonne. Fonds de l'Archevêché.)

Le *coin de l'Icard* : Tire son nom d'un sieur Icard qui possédait des terres en ce quartier.

Les Brugues (bruyères) : Ce hameau, situé sur la lisière du bois de Larramet, tire son nom des terrains en friche, couverts de bruyères, qui précédaient cette forêt.

Las Segos : Ce territoire qui précède les Brugues devait être aussi inculte et couvert de broussailles. Au dix-septième siècle, ce quartier s'appelait *Falgaires de la Jardine* (1).

Villenouvelle : Le seigneur de Saint-Simon ayant donné à fief à des particuliers la partie de ses terres en friche qui composent aujourd'hui ce quartier, ceux-ci y plantèrent de la vigne et bâtirent au milieu du terrain qui leur était donné une modeste maison qu'ils habitèrent; bientôt fut formé en ce lieu un hameau assez considérable qui reçut le nom de Villenouvelle.

Le Chapitre : Ce quartier, dont une partie dépendait autrefois de la paroisse de Saint-Simon, est ainsi nommé parce que le chapitre de Saint-Etienne y percevait la Dîme.

---

(1) Le mot *sego* — en *Gascogne*, lisons-nous dans le dictionnaire de Mistral, signifie : broussailles et ronces.

Le mot *Falguieras* — un champ couvert de fougères ou plantes herbacées. — Mistral conclut que *Falguiera* est le vrai nom languedocien de la fougère.

Par conséquent, à Saint-Simon, le quartier des *Falgaires* de la Jardine, actuellement les *segos*, était couvert de broussailles et de bruyères.

Thibaut : Du sieur Thibaut qui avait acheté ce domaine au seigneur de Saint-Simon.

Lafourguette : Territoire établi entre deux routes (de Muret et de Villeneuve) et se terminant en fourche à l'entrée du faubourg.

Les Vitarelles (vin, vigne) : Quartier des vignes.

CHAPITRE II

Le Plateau de Lardenne. — Notions historiques.

Le plateau de Lardenne peut-il avoir une histoire et n'est-il point téméraire de lui consacrer un chapitre? L'histoire de Toulouse n'est-elle pas l'histoire de toute sa banlieue? Nous le reconnaissons bien volontiers; aussi voulons-nous seulement signaler ce que fut le plateau depuis l'époque gallo-romaine jusqu'à nos jours.

Il est certain que la situation du territoire de Lardenne, sis à une petite distance de la ville, ses bois, ses sources abondantes, portèrent les riches seigneurs gallo-romains à y établir des villas ou des rendez-vous de chasse, qui formèrent bientôt une certaine agglomération. Le poète Ausone, qui vivait dans les premiers siècles de notre ère, affirme que Toulouse, à cette époque, se composait d'une couronne de cinq petites villes, et tout le monde est d'accord aujourd'hui que l'une d'entre elles était située sur la rive gauche de la Garonne, vers le plateau de Lardenne. D'ailleurs, pourquoi les Romains auraient-ils construit l'amphithéâtre dont les ruines existent encore à l'ouest de ce territoire, si ce voisinage de la ville n'eût été habité. En preuve de ce que nous disons : on a découvert récemment, dans les environs de ces arènes, près de l'endroit où le Touch se jette dans la Garonne, sur la propriété de M. Ancely, non loin du lieu où étaient la vieille église et le vieux château de Saint-Michel, des débris d'objets usuels, des poteries, des parures et des substructions indiquant des bâtiments considérables. Parmi les objets les plus remarquables, se trouve un buste de *Jupiter Sérapis*, qui a été déposé au Musée Saint-Raymond.

On découvre aussi souvent, en défonçant le terrain de l'autre extrémité du plateau (territoire de Saint-Simon, quartier de Monlon), des vestiges de constructions se rapportant à l'époque gallo-romaine, tels que : pierres, marbres, bétons, fûts de colonnes et autres objets. On y trouve aussi les traces des aqueducs qui recevaient l'eau du plateau pour la conduire à Toulouse (1).

---

(1) Note sur les arènes extraite d'un manuscrit inédit de Dupuy des Grès, qui vivait au dix-septième siècle : « S'il y a des monuments à Arles, à Narbonne et à Béziers, de belles inscriptions qui sont plus anciennes que le temps des Antonins, il y en a aussi à Toulouse qui nous apprennent que cette ville avait les mêmes officiers que les colonies romaines ; il y avait un amphithéâtre, non pas dans la ville, comme à Nîmes, mais à un gros quart de lieue, sur une élévation, à l'extrémité du terroir de Lardenne, près de la Garonne. Aussi c'est de cet amphithéâtre appelé autrefois les Arènes, que ce terroir a pris le nom d'Ardenne par corruption. Il n'était pas si grand que celui de Nîmes, on le juge encore par les masures qui sont en ovale. Son aire au milieu pouvait avoir six-vingt

Après la période prospère dont nous venons de parler, Toulouse et sa banlieue eurent à subir les incursions barbares qui mirent à feu et à sang toute la contrée. Le plateau de Lardenne ne fut pas épargné,

---

pas ordinaires en longueur et quelque soixante en largeur. Cet espace était entouré de bancs et de loges pour les spectateurs ; toutes les masures qui restent étaient revêtues de pierres de quartier ; il y avait des statues et des bas-reliefs de marbre. — Un Prieur de la Daurade le fit démolir et ne laissa que ces masures. Il fit bâtir de ces matériaux un grand château à cinq pas de là où le Touch, petite rivière, entre dans la Garonne. L'on trouve dans le pavé de l'église, qui est dans ce château, plusieurs fragments de marbre et entre autres un assez grand où est écrit en gros caractères :

SEX... IU
FABRU
STATUAS
SEXTUS JULIU

« Ce n'est que la moitié d'une inscription qui apprenait que *Sextus Julius* avait été préposé à cet ouvrage et qu'il y avait fait placer des statues.

« Il y a de plus trois marbres qui font les deux jambages et le linteau de la porte de l'église où l'on remarque des décurions ou sénateurs avec leur toge à la romaine, qui sont seulement ébauchés et pas finis, mais de fort bon goût. On trouve, au reste, ces masures et le château de Saint-Michel bâtis avec les dépouilles de cet amphithéâtre lorsqu'on va de Toulouse à Blagnac, du côté de Saint-Cyprien.

« On voit encore des masures de vieux aqueducs pratiqués le long du coteau de Lardenne, par où l'eau venait dans un réservoir duquel, sur des arcades, elle était portée dans un grand édifice dont on voit les masures et une grande muraille qui forme l'enclos des Maltaises, au quartier Saint-Cyprien, près des Feuillants. Nous pouvons bien dire que l'amphithéâtre a été un ouvrage public fait sous les Romains, mais, ce qu'il y a de particulier, c'est que ces sortes d'édifices étaient dans l'enceinte des autres villes, pendant qu'à Toulouse cet amphithéâtre était fort éloigné de la ville. Quant à l'aqueduc, c'était aussi un ouvrage romain. »

aussi ne resta-t-il pas grand'chose de sa prospérité passée. Les ruines s'amoncelèrent, et le pays fut désolé et désert. Il reprit pourtant quelque peu de sa splendeur première pendant le gouvernement des comtes. A cette époque, nous disent les *Annales de la ville*, Toulouse comprenait quatre faubourgs : Guilleméry, le Château Narbonnais, Saint-Sernin ou Lalande et *Lardenne* (1).

Il est raconté dans ces mêmes *Annales* qu'en 1148 les Chevaliers du quartier de *Lardenne* firent de magnifiques tournois en l'honneur de la reine Constance, épouse de Raymond IV, qui était descendue avec toute sa cour au Château de Peyrolade, à Saint-Cyprien.

Mais bientôt la guerre des Albigeois et les incursions des Anglais conduits par le Prince Noir, dévastèrent totalement la banlieue toulousaine. Il ne resta sur le plateau de Lardenne que quelques maisons éparses, des manoirs en ruines au milieu de terrains vagues de bruyères et de bois.

Après les guerres de Cent Ans et les luttes religieuses des quinzième et seizième siècles, une ère de paix s'étant enfin levée pour toute la région, le plateau reprit une nouvelle vie. Les terrains incultes furent défrichés, la vigne fut plantée, et des maisons bâties. De belles villas et demeures seigneuriales furent édifiées çà et là, de l'Ouest à l'Est ; elles formèrent des

---

(1) Au douzième siècle, le faubourg Saint-Cyprien et le plateau qui le dominaient portaient le nom de *Lardenne*.

habitations confortables où des magistrats du Parlement, de riches marchands de la ville venaient se délasser de leurs fatigues et goûter les charmes de la campagne.

D'après les cadastres de cette époque, mentionnons quelques-uns de ces domaines. M. de Mansencal, premier président au Parlement, avait son château établi à une petite distance de l'amphithéâtre. Non loin de là, résida M. de Vendages de Malepeyre, magistrat éminent, fin littérateur, poète distingué, qui publia les gloires de la Sainte Vierge dans de nombreux sonnets. A la déclivité nord du plateau se trouve le château de la Cépière, qui tire probablement son nom des deux frères Lucépiera qui, en 1478, habitaient en ce lieu, et y possédaient *la borde dicte du comte Ramon, bois, terre, tout joignant.*

Mentionnons encore quatre châteaux importants du dix-huitième siècle : celui de M. de Lagorrée, au Nord-Est; celui de M. de Martinis, au Levant; celui de M. d'Auterive, au Nord, et celui de M. de Mondran, sis sur le plateau, entre les chemins de Toulouse à Cugnaux et de Toulouse à Villeneuve, actuellement chemin de Lafourguette. Le château actuel du Miral, où l'on jouit d'une vue splendide sur Toulouse (*mira visio*), dut être construit à cette époque.

Le président de Lestang avait fait construire au Levant du plateau, en un site charmant, où les eaux coulent abondantes et pures, un château qui a donné son nom à tout un quartier de la banlieue toulousaine. Il en est de même du conseiller au présidial Antoine de Borassol. Le château de *Renairy*, habité quelque temps par une courtisane célèbre, et dont on a donné tant de significations, tire tout simplement son nom d'un marchand de Toulouse, Renairy, qui possédait une vigne en ce lieu (1).

Mentionnons encore trois *Bordes* importantes situées sur ce territoire : celle du *comte Ramon*, incontestablement la plus ancienne ; celle de *Lavelanet*, sur le milieu du plateau, et celle de *Braqueville*, entre la Garonne (rive gauche) et le plateau de Saint-Simon en Ardenne-Haute. Cette *Borde* était la plus considérable. La richesse de ses productions était légendaire et aujourd'hui encore, dans le langage populaire, quand on veut désigner un prodigue, ne dit-on pas « manjaio la bordo dé Bracobillo » ?

Le Cardinal d'Armagnac possédait aussi sur le territoire de Lardenne un vaste domaine (plus de deux cents arpents), qui fut ravagé à plusieurs reprises par les protestants.

Le territoire actuel de Saint-Simon était, au dix-septième siècle, partagé entre onze Seigneurs Directs qui percevaient des rentes pour des biens donnés en roture. C'étaient les Bénédictins de la Daurade, avec vingt arpents; les Jésuites, avec cent sept arpents; M. de Caulet, avec cent arpents ; M. de Lapeyrouse, avec deux cent sept arpents ; M. de Tournier, avec soixante-treize arpents ; M. de Guilhermin, avec cent onze arpents ; M. de Lamothe, avec cent arpents ; M. Dorbou, avec trente-sept arpents ; M. de Ma-

---

(1) Archives du Donjon. — Cadastre de 1572.

lepeyre, avec soixante arpents; M. de Mariotte, avec vingt arpents. Sur ce territoire ainsi divisé, on comptait trois cent soixante-six maisons habitées par neuf cents personnes, et parmi eux cent soixante-dix bientenants.

Si les châteaux et villas du plateau avaient tout le confort désirable, il n'en était pas de même des autres habitations; généralement, elles étaient construites en pisé et à bas étage, composées de deux pièces au plus, souvent sans carrèlement et ouvertes à tous les vents. Bêtes et gens étaient logés sous ce modeste toit. Il n'existait pas même de cheminées, ni de croisées dans la plupart de ces demeures qui, cependant, suffisaient aux goûts modestes de leurs habitants.

Les cadastres du quinzième siècle, qui sont les plus anciens, mentionnent comme chose extraordinaire l'existence de cheminées dans certaines maisons ou bien de fenêtres ayant les menaux en croix. C'était aussi une sorte de luxe que d'avoir à sa maison un premier étage et, à Saint-Simon, la métairie de la *Tourrasse*, ainsi dénommée parce qu'elle avait une tour sur un de ses côtés, est signalée dans le cadastre à cause de l'existence de cette tour et de *deux cheminées*. Citons, comme exemple de ce que nous disons, le *texte* même du dénombrement de la propriété de Johan Campagnho, sise dans l'Ardenne-Haute, en 1470 : « *Johan Campagnho, marchand des cambis, a aqui méteys una bela borda, on a soleil et dos chemineyras et es entournéjado de valats plés d'aygua et y a un pont levadis en los dits valats, fa pesquiè et après, tenen so dessus foras des dits valats a autra borda bassa an chemineyras et autra borda bassa on son las establés a lentorna de la dita borda, tenen lo dit cami dé Sant-Simo, y a un ort, un pastenc, et qué tot content enviro 11 arpents de terra on sont dé castanhès et de pomiès gran quantita en sus los dits pomiès miech arpent dé terra et y a d'autras fruitiès et un pinhier et grand cot de cassés et y a un arpent de prat an cop dé sériziers et y a maï un verdier sarrat de parets.* »

Aujourd'hui, tout est changé, le sol acquis péniblement par les ancêtres a été généralement conservé, même augmenté, car la grande propriété s'est morcelée à l'infini ; l'humble demeure a disparu et, si elle reste encore, elle a été profondément modifiée ; à côté et à sa place, s'élève maintenant une gracieuse maison, souvent avec un étage supérieur, bien bâtie à chaux et à sable, entourée d'un jardin plus ou moins spacieux, bien cultivé, produisant fleurs, fruits et primeurs qui, vendus à la ville, apportent l'aisance au foyer.

Aux deux extrémités du plateau de Lardenne se trouvaient deux châteaux féodaux et deux églises qui y étaient pour ainsi dire adossées. Le château de la partie ouest était celui de Saint-Michel. Celui de la partie est, celui de Saint-Simon. L'église du premier portait le nom de *Saint-Michel-del-Castel* et celle du second, celui de Saint-Simon. — Devant consacrer spécialement le reste de notre ouvrage à tout ce qui concerne la paroisse et la seigneurie de Saint-Simon, disons quelques mots du château de Saint-Michel et de son église.

Le château de Saint-Michel était entouré d'une enceinte carrée flanquée de quatre petits bastions. Il fut longtemps la maison de campagne des prieurs de la Daurade, qui étaient les seigneurs de cette partie Ouest du plateau.

Dumège (1) fait en ces termes la description de l'église de *Saint-Michel-del-Castel* : « L'église, qui était à côté du château, était monumentale et semblait avoir été construite avec des matériaux provenant de vieux édifices gallo-romains, probablement de l'amphithéâtre qui était tout près. L'abside de cette église était percée de trois fenêtres longues et étroites ; au dessus régnait un mur couronné de machicoulis et de créneaux que dominait une haute tour ; rien de plus pittoresque n'existait dans les environs de Toulouse. De tout cela, il ne reste plus rien aujourd'hui..... »

Les archives de l'archevêché (2) et les procès-verbaux des visites pastorales des dix-septième et dix-huitième siècles nous ont permis de rétablir ce qu'étaient cette église et cette paroisse à ces époques.

Monseigneur de Laroche-Aymon, archevêque de Toulouse, après sa visite pastorale en cette église, consigne dans son procès-verbal les détails suivants :

« Le patron de l'église est saint Michel.

« Le collateur de la cure est le prieur de la Daurade.

« Il y a environ deux cents communions. »

---

(1) *Histoire des institutions de la ville de Toulouse.*

(2) Archives de la Haute-Garonne, n° 197.

Cette *observation* nous donne la certitude que ce quartier de Lardenne à l'ouest était moins peuplé que celui de Saint-Simon à l'est, puisque, à pareille époque, il y avait dans cette dernière paroisse *six cent vingt-neuf communions*.

Cette église n'était pas riche, puisque, d'après le même procès-verbal, le tabernacle n'était pas garni et que la sacristie était seulement fermée par un rideau.

Les habitants, même alors, n'étaient pas dévots, puisque l'évêque constate que l'église est souvent déserte le dimanche, que les vêpres sont abandonnées, et que l'on joue au cabaret pendant les offices, — les marguilliers eux-mêmes ne s'occupent pas assez des affaires de l'église.

L'Archevêque flétrit sévèrement et ordonne sous des peines graves l'abolition de l'usage superstitieux suivant : Il y avait au banc d'œuvre de Saint-Michel de grandes balances ; on apportait de toute la contrée, à l'église de Lardenne, les petits enfants chétifs et qui ne pouvaient pas croître ; on les plaçait dans un plateau de la balance, et on remplissait l'autre plateau d'une quantité de grains équivalant au poids de l'enfant. La croyance populaire prétendait que l'enfant croissait s'il avait été bien pesé ; s'il ne croissait pas ou s'il mourait, c'était la faute de celui qui l'avait mal pesé. Le grain qui avait servi à peser revenait moitié au curé, moitié à la table de Saint-Michel. Cet abus et cette superstition furent longs à être détruits, car dans d'autres procès-verbaux les évêques constatent l'existence de cette pratique et la condamnent.

L'église de Saint-Michel possédait quatre chapelles bien tenues. Il y avait aussi six bassins pour l'entretien des différentes œuvres.

Le curé percevait le quart des fruits; les autres quarts revenaient au prieur de la Daurade.

Plusieurs consorcistes (1) étaient attachés à l'église de Saint-Michel. A une époque, ceux-ci ayant refusé d'assister aux processions du Chapitre de Saint-Etienne, furent condamnés par le *Parlement* à y venir désormais (2).

L'église de Saint-Michel, comme celle de Saint-Simon, était située à l'extrémité du plateau de Lardenne; aussi, en 1778, les habitants du centre de la paroisse réclamèrent d'établir une église au quartier de Ferrery, ce qu'ils finirent par obtenir, non sans de grandes difficultés, car plusieurs oppositions furent faites à cette supplique.

Aujourd'hui, un temple gracieux et spacieux avec un clocher à flèche remplace la petite église construite en ce lieu. C'est l'œuvre de M. de Saint-Amans, qui fut curé de Lardenne pendant de longues années au siècle dernier, et dont le souvenir est encore vivant dans la paroisse de *Saint-Michel-Ferrery*, autrefois *Saint-Michel del Castel* ou *du Touch* (3).

---

(1) Prêtres attachés à une paroisse pour acquitter les obits.

(2) Archives de la Haute-Garonne. (Fonds de l'Archevêché.)

(3) Saint-Michel du Château s'appelait aussi Saint-Michel du Touch.

CHAPITRE III

SAINT-SIMON

1° Son vieux Château ; 2° La Seigneurie ; 3° La vieille Eglise

---

Voulant dans cet ouvrage nous occuper spécialement de Saint-Simon, disons d'abord un mot sur son château, ses seigneurs et sa vieille église.

1° Le Château de Saint-Simon.

Construit sur le penchant Est du plateau et limitant les paroisses de Portet et de Cugnaux, ce château, qui existe encore, forme un grand édifice carré. Un petit ruisseau, le *Rousimort*, séparait le territoire de la Seigneurie de celle de Portet ; il coulait à quelques pas des murs de ce castel et remplissait de ses eaux les fossés qui l'entouraient. A quelle époque peut remonter cette construction ? Il est difficile de le déterminer sûrement. Toutefois, elle porte dans certaines de ses parties l'empreinte du moyen âge. Sa porte ogivale, basse et étroite, ses créneaux, ses bastions, ses croisées, ses fossés (1), semblent remonter à cette époque. Ses murs élevés, son enceinte carrée, ont l'aspect d'une forteresse; on voit à l'intérieur une vaste cour, entourée de locaux spacieux qui ont dû être des corps de garde et qui maintenant sont devenus des chais, des étables ou des granges. Situé entre Toulouse et Villeneuve, entre deux routes importantes, qui conduisaient du pays de Foix et du Comminges à Toulouse, ce château dut subir souvent les assauts et les dévastations des troupes qui firent le siège de Toulouse dans les siècles passés. Une petite garnison y dut alors séjourner. La tradition du pays rapporte qu'il s'y trouvait un souterrain par lequel en temps de guerre les soldats et les habitants en péril pouvaient s'échapper et gagner les bois environnants (2).

La légende dit aussi que dans des temps bien reculés existait, non loin de ce château, une petite ville. Ce qu'il y a de certain et ce qui a probablement donné lieu à cette légende, c'est que non loin du domaine des seigneurs de Saint-Simon, à l'angle formé par les deux chemins de Saint-Michel à Saint-Simon et de Seysses, il existait autrefois un hameau qui fut incendié par ordre de la justice, à cause des crimes qui s'y commettaient. Le cadastre de 1478 raconte ainsi ce fait : « *Sur lo canto dels dits dos camis, solia*

---

(1) La partie Nord et Est de ce château est encore entourée de fossés pleins d'eau.

(2) Le souterrain existe encore, mais a été fermé.

aver uno croz apèlado la croz de Mailhorcas, et aprets dins lé terrador d'aquèlo bordo de Jeannot Brugalh e una hosteleria, losquals, borgada e hosteleria foc tot cremat et diruit per mandumen de la justicia de Tholosa a causa dels homicides quė se fasian en la dita hosteleria et l'hoste d'aquela ne prenguet justicia.»

2° La Seigneurie.

La Seigneurie de Saint-Simon, dont les titulaires avaient droit de haute justice, était enclavée entre le gardiage de Toulouse à l'Ouest et au Nord, le consulat de Portet à l'Est et le consulat de Cugnaux au Midi. Son territoire comprenait près de cinq cents arpents; il s'étendait *surtout* dans les quartiers actuels de Francazal et de Villenouvelle jusqu'aux limites de Portet, et descendait ensuite vers Thibaut, dans le quartier de Lafourguette. L'église et le château étaient au centre de ces terres, sans maisons voisines. D'ailleurs, pendant longtemps, les habitations furent rares dans ce pays dont les champs étaient en friche et ne commencèrent à être cultivés sérieusement que vers le dix-huitième siècle.

Les habitants qui dépendaient de cette seigneurie payaient une redevance au seigneur qui avait le droit de juger leurs différends; ce territoire seigneurial n'était pas compris dans la banlieue ou gardiage.

Les seigneurs les plus anciens que nous connaissions furent les d'Ysalguier qui durent recevoir ce fief des comtes de Toulouse ou du roi de France en récompense des services rendus. Les d'Ysalguier possédaient dans la contrée toulousaine des domaines considérables dont ils étaient les seigneurs, spécialement à Auterive, Clermont, Castelnau-d'Estrètefonds, Fourquevaux. La plupart des chefs de cette maison furent capitouls de Toulouse du treizième au dix-huitième siècle. Cette magistrature était de tradition dans cette illustre famille, dont les armes étaient au quatorzième siècle : *de gueules à cinq branches d'Ysalgue feuilles d'or liées de même.* Elles subirent une variante au quinzième siècle « *d'or à plusieurs branches d'Ysalgue, feuilles de Sinople* ».

En 1385, le 9 novembre, noble d'Ysalguier, capitoul, fit hommage et dénombrement du lieu de Saint-Simon (1). Il est à présumer que cette famille garda le fief de Saint-Simon, jusques au seizième siècle, car le 29 juillet 1596 la Haute Justice de ce lieu fut vendue par les commissaires du roi à Mademoiselle Dupin, un des auteurs du sieur de Saint-Simon. Cette seigneurie fut divisée dans la suite en trois parties.

---

(1) *Dénombrement de 1385.* — Item locum sancti Simeonis in vicaria Tolosana cum jurisdictione et cognitione usque ad sexaginta libras turonenses.

Item guardiaga dicti loci.

Item in obliis minutis sex libras turonenses quolibet anno.

Item vigenti arpenta moledis quintinerici.

Item quater centum quartonatas terræ quarum quidem viginti coluntur.

Item quinque paria gallinarum quolibet anno in dicto loco.

Item centum ova quolibet anno in dicto loco.

Item tres quartonatas prati in dicto loco.

L'une passa entre les mains des de Caulet, la deuxième, dans celles du sieur Delpech, et la troisième, entre celles du sieur Mariotte, ces deux dernières parts furent acquises par le sieur de Candie.

La famille de Caulet était aussi une des plus considérables de Toulouse. Six de ses membres furent présidents du Parlement de cette ville, deux furent évêques, un capitoul.

Le dernier des seigneurs fut le sieur Candie, trésorier général du Languedoc. Dans le cours de cette notice, nous le verrons défendre les droits de sa seigneurie dans un mémoire très documenté, qui nous apprendra bien des choses ignorées jusqu'à ce jour, et que nous ne mentionnons point ici afin d'éviter des redites.

3° La vieille Église.

L'église de Saint-Simon existait déjà au treizième siècle. Un document très ancien nous apprend, en effet, que le 20 novembre 1254, Raymond, alors évêque de Toulouse, la céda, ainsi que celles de Portet et de la Madeleine, au prieur de la Daurade, qui la fit desservir par le Curé de Portet ou des vicaires résidents.

L'église était située au bord d'un ruisseau appelé le Roussimort, elle était basse, sans style et trop petite pour les grandes fêtes. D'après les procès-verbaux des visites pastorales des dix-septième et dix-huitième siècles, elle était propre, simplement ornée, son mobilier modeste et ses ressources très restreintes. Il y avait deux chapelles : l'une dédiée à Notre-Dame de Pitié, l'autre, à saint Joseph. De ce vieil édifice, berceau de la paroisse de Saint-Simon, il ne reste plus qu'une chapelle, dédiée encore à Notre Dame de Pitié. La statue même qui y est vénérée est peut-être celle devant laquelle nos pieux ancêtres ont prié et sont venus demander consolation dans leurs peines. Elle est en pierre et porte le cachet du moyen âge. Cette petite chapelle est surmontée d'un bas-relief en pierre, remontant au treizième ou au quatorzième siècle, et représentant trois personnages : le Sauveur, les mains liées, est derrière une table ; on ne voit que le haut du corps, la figure est empreinte de douleur et de tristesse. A l'angle droit de la table, une femme qui pleure (on a voulu sans doute représenter la sainte Vierge pleurant en voyant son fils souffrir). A l'angle gauche, un homme appuyé sur son coude, et qui dort, symbole des Apôtres qui s'endormirent pendant que Notre-Seigneur était en agonie au jardin de Gethsémani. Derrière le Christ, sont sculptés tous les instruments de la Passion. Ce bas-relief n'est pas sans valeur et dénote l'antiquité de l'église construite en ce lieu. Il y a aussi dans cette chapelle une statue de $0^{m}80$ environ, représentant saint Simon.

L'étendue de la paroisse de Saint-Simon était très considérable ; elle allait de la route de Muret jusqu'à la forêt de Larramet dont une partie était dans son territoire ; et des frontières de Cugnaux et de Portet jusqu'aux portes de Toulouse. Elle se composait surtout de maisons éparses, sur un vaste territoire resté longtemps inculte.

L'église de Candie était surmontée d'un modeste clocher, et nous avons découvert récemment, aux archives de la préfecture, qu'il était occupé par *trois cloches* qui furent l'objet d'une contestation, dont nous parlerons un peu plus bas.

Le cimetière était adossé à l'église, selon l'usage du moyen âge; car nos pères voulaient que leurs morts reposassent toujours près de Celui qui est la résurrection et la vie. C'est là, autour d'une petite chapelle, seul vestige de l'ancienne église, que reposent à l'ombre de chênes séculaires les restes des générations de six ou huit siècles !

Cette église étant très éloignée du centre, un grand nombre de fidèles passaient une partie du dimanche en ce lieu. Des marchands s'établissaient auprès d'un magnifique ormeau. Il existe encore aujourd'hui et porte le nom de *l'ourmo dé las castagnairos* ou des marchands de châtaignes. D'ailleurs, actuellement, ce coin de terre qui fut pendant plus de six cents ans la partie la plus importante de la contrée à cause de son église et de son château, est encore l'un des sites les plus agréables de Saint-Simon. Là, des arbres, plusieurs fois séculaires, que plusieurs hommes ne pourraient embrasser, couvrent de délicieux ombrages cette charmante oasis pleine de souvenirs d'un passé que nous sommes heureux de faire revivre.

L'éloignement de l'église de Candie devait être la cause de sa translation en un lieu plus central. Ce ne fut pas sans peine et sans protestations que ce transfert fut accordé.

L'histoire de ces démêlés et la création définitive de la paroisse au lieu où elle est actuellement n'est pas sans intérêt.

Nous en ferons l'objet des chapitres suivants.

CHAPITRE IV

Etat de la paroisse de Saint-Simon au XVIIIe siècle.

Demande et Erection d'une Eglise centrale en Ardenne-Haute.

Etant donné, au dix-septième siècle, l'accroissement de la population, surtout dans la partie située dans le Gardiage de Toulouse, les bientenants et les principaux habitants de ces quartiers adressèrent le mémoire suivant à l'intendant de la province, à l'effet d'obtenir une paroisse centrale en dehors de la seigneurie :

MÉMOIRE

FAIT PAR LES PAROISSIENS DE SAINT-SIMON EN 1733

« On se propose dans ce mémoire de faire connaître la nécessité qu'il y a d'augmenter le service divin qui se fait dans la paroisse Saint-Simon et d'y faire bâtir une église, outre celle qui y est déjà, à laquelle on ne prétend donner aucune atteinte; on conviendra aisément de cette nécessité, si on donne quelque attention à ce que l'on va dire, et qu'on l'examine sans prévention.

« 1° Saint-Simon est une annexe de Portet, elle est presque dans le gardiage de Toulouse ; ce n'est point un village, mais une vaste et agréable campagne coupée par plusieurs grands chemins qui sont bordés d'une infinité de maisons de paroissiens, et de plusieurs châteaux appartenant à des personnes de condition qui y vont passer l'automne; en sorte que, si toutes ces habitations étaient ramassées, elles formeraient une ville assez considérable.

« Dans les trois ou quatre mois des vacations, le nombre des paroissiens est prodigieux, et va à plus de deux mille, mais dans le cours même de l'année on y compte deux cents familles qui y font leur séjour, qui produisent plus de huit cent personnes, et plus de cinq cents communiants.

« 2° Il est important de donner une idée de l'étendue de cette paroisse : Cette étendue est, de l'orient au couchant, de deux mille sept cent cinquante pas géométriques, qui sont deux mille quatre cannes, mesure de Toulouse; et du midi au septentrion, de deux mille cinq cent trente pas géométriques, qui sont deux mille deux cent quinze cannes de Toulouse, et par conséquent cette paroisse a de circuit sept mille huit cent soixante-neuf pas géométriques ou cannes de Toulouse, ce qui ferait sept lieues de France.

« 3° Il doit paraître surprenant que pour une paroisse d'une si grande étendue, on ait autrefois placé l'église qui subsiste aujourd'hui dans un lieu qui la rend presque inutile à la plupart des paroissiens ; elle est le dernier des édifices du côté du levant, et presque toutes les maisons sont du côté du couchant, comme on le peut voir par le plan qu'on en a tiré exactement. Mais on reviendra facilement de cette surprise si l'on fait réflexion qu'autrefois il n'y avait que les métairies qui sont auprès de l'église, le reste n'était qu'un pays stérile, rempli de bruyères et de genêts et nullement propre à produire du blé. Mais des seigneurs ayant connu dans la suite que ces terres étaient propres à porter du vin, ils les ont données à fief, et tous les feudataires ont construit des maisons chacun à sa possession ; le nombre de ces maisons augmentait de jour en jour, à proportion que les familles se multipliaient.

« 4° Le prêtre qui dessert la paroisse ne saurait demeurer près de l'église, soit parce qu'il n'y trouve pas de logements, soit parce qu'il serait trop loin de la plus grande partie des paroissiens, pour la visite des malades et pour leur administrer les sacrements quand ils sont en danger de mort. Il loge aujourd'hui au milieu du chemin de Cantolauzette, qui est le centre de la paroisse.

« 5° Quelle incommodité, n'est-ce pas, pour lui, d'aller tous les jours si loin dire la sainte messe pour s'acquitter de ses obligations, en faisant deux fois le chemin le même jour pour des baptêmes, pour le Saint-Viatique, pour l'Extrême-Onction ! Mais quelle douleur lorsque, malgré sa diligence, les malades meurent sans sacrements, non par la négligence du ministre, mais par l'impossibilité où le réduit la situation de l'église de remplir des fonctions si essentielles; ce malheur arrive souvent tous les ans et est arrivé même cette année.

« 6° Un autre inconvénient, c'est que l'église est trop petite, de parois extrêmement basses et fort vieilles. Il y a actuellement dans la paroisse *huit cents personnes*, et dans ce nombre plus de cinq cents communiants et l'église n'en peut contenir que trois cents, de là vient qu'on s'y *presse jusqu'à suffoquer*. — Qu'il y a souvent du tumulte et du bruit, les uns passant sur les autres ou se poussant avec scandale, ce qui fait que personne n'y peut être avec le respect, la décence et l'attention convenables. Plusieurs sont obligés de demeurer dehors, exposés à toutes les injures du temps, et le prêtre n'a pas la liberté de faire décemment les cérémonies du Saint-Sacrifice, tant la foule est grande jusqu'à l'autel.

« 7° Ajoutez que l'église est bâtie dans un endroit bas, on ne la voit que quand on est fort près ; les cloches sont inutiles, on ne les entend que des environs ; de plus, l'église est placée près d'un ruisseau que l'on appelle le *Roussimort* et qui déborde très souvent, alors l'eau entre en abondance dans l'église, on ne peut en approcher; jusque-là, il a fallu plusieurs fois aller dire la messe les fêtes et les dimanches dans la chapelle des Pères jésuites.

« 8° On a fait des démarches pour obvier à de si grands inconvénients. En conséquence d'une délibération des paroissiens tenue chez M. Dubourg de Lapeyrouse, conseiller au Parlement, on présenta une requête en 1723 à feu Monseigneur de Nesmond, alors archevêque de Toulouse, que l'on joint à ce mémoire. Il ordonna qu'elle serait communiquée aux intéressés; elle leur fut signifiée, mais on manqua de les faire assigner. On réparera facilement ce défaut de formalité, et on espère que Monseigneur de Crillon, aujourd'hui archevêque, qui a reçu du ciel le don de conduire et de finir, à la satisfaction de tout le monde, les affaires les plus difficiles, terminera heureusement celle-ci pour la gloire de Dieu et le salut des paroissiens de Saint-Simon. On pourra concerter le moyen et exécuter le dessein qui est l'objet de ce Mémoire, et on trouvera dans le zèle de quelques-uns des bientenants, des secours et des facilités qui rendront cette exécution utile.

« Le sieur Abadie, syndic, et le sieur Frèche, trésorier, continueront d'y donner leurs soins, comme ils l'ont fait sans se rebuter. »

Le mémoire que nous venons de citer en entier était suivi de la requête suivante :

A Monseigneur l'Illustrissime et Révérendissime Archevêque de Toulouse.

« Supplie humblement Me Abadie, syndic des habitants et bientenants de la paroisse de Saint-Simon, au diocèse de Toulouse, disant que feu Me Bernard Duffourt, précédent syndic de ladite paroisse, en conséquence d'une délibération générale prise par les habitants et bientenants d'y celle le 13 mai 1723, présenta requête à Monseigneur de Nesmond, archevêque de Toulouse, le 8 mai 1724, pour demander qu'il plût à Sa Grandeur commettre et députer un des Messieurs ses Grands Vicaires pour se transporter dans ladite paroisse de Saint-Simon et y faire un état des maisons qui en dépendent et des paroissiens qui la composent de l'un et de l'autre sexe, et principalement du nombre des communiants; pour ce fait et le procès-verbal de visite de commissaire rapporté être permis audit syndic de faire bâtir une nouvelle église pour le service de ladite paroisse de Saint-Simon, avec l'étendue nécessaire et sur le local qui serait indiqué pour la plus grande commodité des habitants bientenants de ladite paroisse, eu égard à leur nombre, lequel suivant l'état que ledit Duffourt en fit, revient à huit cent quatre-vingt douze personnes, hommes, femmes et enfants, y compris six cent vingt-neuf communiants. Sur laquelle requête et les conclusions de M. le Promoteur, Messieurs les Vicaires Généraux rendirent une ordonnance en congrégation, le 12 du mois de mai, portant qu'avant dire droit sur ladite requête elle serait communiquée au Prieur des bénédictins de la présente ville, à Me Viguerie, curé de Portet et autres intéressés si point il y en avait. Laquelle requête fut signifiée au prieur et syndic des bénédictins le 18 dudit mois de mai, et à Me Viguerie, curé de Portet, le 6 septembre de ladite même année 1724, depuis lequel temps ni les uns ni les autres n'ont pas été en état de former la moindre opposition contre la demande dudit Duffourt, syndic, tant ils l'ont trouvée juste et nécessaire pour le service divin et le salut des âmes des habitants et bientenants de ladite paroisse de Saint-Simon. Ce considéré, vu la délibération dudit jour 18 mai 1723 avec la requête dudit Duffourt précédent syndic, l'ordonnance reçue avec icelle en congrégation le 12 mai 1724, ensemble les exploits de signification desdites requêtes et droits municipaux, tant au prieur et syndic des religieux bénédictins de la présente ville qu'à Me Viguerie, curé de Portet, le 18 mai et 6 septembre 1724, comme aussi la nouvelle délibération prise par les paroissiens de l'église Saint-Simon, le 10 du présent mois : Plaise *Monseigneur à Votre Grandeur* adjuger au suppliant les fins et conclusions prises dans la requête présentée par ledit Me Duffourt, précédent syndic, de ladite paroisse de Saint-Simon, et le suppliant, avec les autres habitants et bientenants d'icelle continueront de faire des vœux au ciel pour la santé et prospérité de Votre Grandeur.

« J. TOURNIER,

« *Procureur au Parlement.* »

Les requêtes précédentes n'ayant pas abouti, les habitants de Saint-Simon demandèrent l'autorisation de se réunir en assemblée plénière afin de rédiger une nouvelle supplique à l'Archevêque de Toulouse. Cette autorisation leur fut accordée par ordonnance des Capitouls du 25 mars 1775. On se réunit en effet sous la présidence de Jacques Cassé, syndic, et l'on formula de nouveau et plus fort que jamais les raisons énoncées dans les suppliques antérieures. Le syndic fut chargé de remettre à l'Archevêque les doléances des habitants à l'effet d'obtenir une paroisse indépendante et une église centrale. Cette dernière démarche eut un plein succès. Monseigneur de Loménie de Brienne nomma aussitôt M. de Malaret, son vicaire général et promoteur, commissaire enquêteur et le chargea de lui remettre un rapport avec son avis motivé sur cette affaire.

Le Vicaire Général somma aussitôt par voie d'huissier les religieux bénédictins de la Daurade, curés primitifs de l'église de Candie et le curé de l'église de Portet, dont Candie était une annexe, de donner leur avis sur la mutation de l'église et l'érection d'une nouvelle paroisse.

Leurs réponses furent favorables. Le sieur de Candie, seigneur de Saint-Simon, fut aussi consulté; celui-ci, très mécontent de voir l'église qui était adossée à son château devenir par le fait déserte, protesta énergiquement contre ce transfert, il en fut de même des marguilliers de l'église de Portet qui allaient perdre tous leurs droits de primauté sur la nouvelle paroisse. Le Vicaire Général fit aussi une enquête de *commodo* et d'*incommodo*. Les habitants du terroir de Saint-Simon et de Villenouvelle vinrent en masse déposer en faveur de la nouvelle paroisse. Seuls les habitants qui avoisinaient le château de Candie demandèrent que l'on conservât l'état primitif. Les consuls de Portet protestèrent aussi. au nom des habitants de ce lieu et des anciens privilèges, mais leurs réclamations furent vaines.

Des affiches furent apposées aux portes de l'église de Portet afin que chacun pût librement soumettre ses observations sur l'opportunité de ce transfert. Dès que l'enquête fut terminée, M. de Malaret, vicaire général, désigné pour la présider, fit un rapport favorable faisant droit aux réclamations des habitants de Saint-Simon, le présenta à l'Archevêque qui publia le décret suivant :

« Etienne-Charles de Loménie de Brienne, par la miséricorde de Dieu et l'autorité du Saint-Siège apostolique, archevêque de Toulouse, conseiller du roi en tous ses conseils, à tous ceux qui ces présentes lettres verront, salut.

« Vu la requête à nous présentée par Jacques Cassé, syndic des habitants de Saint-Simon, annexe de Portet, nommé par délibération des habitants dudit lieu. La dite délibération prise en conséquence de la délibération et ordonnance des Capitouls de Toulouse. La dite requête tendant à ce qu'il nous plut d'ériger la dite annexe de Saint-Simon en bénéfice-cure ;

« Vu les résultats de l'enquête de *commodo* et *incommodo* par nous prescrite, et le rapport et conclusions favorables de M. de Malaret, notre vicaire général et promoteur ;

« Vu les exploits de signification faits à la communauté des religieux bénédictins de Toulouse, et au sieur de Candie, seigneur de Saint-Simon, et au sieur de la Tannerie, curé de Portet, ainsi qu'aux marguilliers et communiants du dit Portet ; vu le procès-verbal d'affichage à la porte de l'église paroissiale de Portet ; vu la délibération capitulaire des religieux de Notre-Dame-de-la-Daurade, portant approbation de la dite érection de l'annexe de Saint-Simon en bénéfice-cure ou vicairerie perpétuelle et inamovible, avec réserve pour envers le dit monastère de tous les droits honorifiques et utiles à lui appartenant dans l'étendue de la dite annexe;

« Vu l'enquête de *commodo* et *incommodo* qui constate que ladite annexe est exactement au bout de la paroisse de Portet, éloignée de plus d'une demi-lieue du centre d'icelle qui est totalement dans le gardiage de la ville de Toulouse, que les chemins sont peu praticables par le mauvais temps, qu'il est impossible aux vieillards, aux enfants et aux personnes infirmes de pouvoir y venir entendre la messe, que ladite paroisse est composée de six cents communiants et plus de trois cents enfants, qu'elle a été très souvent mal desservie par des vicaires amovibles dont les modiques revenus rendaient la résidence pénible;

« Tout vu, tout considéré, mûrement délibéré et le saint nom de Dieu invoqué, ayant égard aux demandes et supplications des habitants de Saint-Simon, pour leur avantage spirituel auquel la sollicitude pastorale nous oblige de pourvoir et pour la plus grande gloire de Dieu ; en vertu de notre autorité ordinaire, nous avons *démembré et démembrons* à perpétuité de la paroisse de Portet ladite annexe de Saint-Simon, ce faisant l'avons érigée et l'érigeons au *titre perpétuel* de *bénéfice-cure* sous l'invocation de saint Simon, à laquelle nous avons assigné et assignons pour territoire tout le terroir et espace compris dans ladite annexe, et pour paroissiens tous ceux qui habitent ou habiteront à l'avenir dans ledit terroir, pour être ladite cure desservie par un curé ou chef à titre perpétuel et inamovible, lequel sera tenu de faire toutes les fonctions curiales et services de ladite paroisse, y administrer les sacrements tant en santé que malade avec toutes les formalités requises et accoutumées dans les autres parties du diocèse, et ce vu le besoin que ladite paroisse a de deux prêtres pour la desservir sans préjudice et en outre du vicaire actuellement existant lequel ainsi que ceux qui lui succèderont sera payé par qui de droit;

« Avons pareillement assigné et assignons pour dotation à la nouvelle cure la somme de cinq cents livres par an, payée par qui de droit, outre les honoraires, émoluments, droits curiaux et autres généralement quelconques que le curé de Portet avait coutume et droit d'y percevoir, lesquels seront perçus par ledit curé de Saint-Simon. Et pour conserver à l'avenir à l'église de Portet une marque de supériorité et de reconnaissance de la part de la nouvelle cure, le curé dudit Saint-Simon sera tenu d'aller tous les ans processionnellement à l'église de Portet le jour de la fête du patron d'icelle et les marguilliers de Saint-Simon d'y présenter un pain à bénir à la messe de paroisse et une offrande de trois livres;

« Et sera le présent décret inséré au greffe des insinuations ecclésiastiques de notre diocèse, et ne pourra être exécuté qu'en vertu des lettres patentes confirmatives qui seront obtenues à cet effet, conformément aux édits du roi, après l'enregistrement desquelles nous nous réservons de nommer à ladite cure ;

« Donné en notre hôtel, à Paris, où nous sommes retenu par la commission des réguliers, sous notre seing, le sceau de nos armes et le contre-seing de notre secrétaire ;

« Le douze mai mil sept cent soixante-quinze,

« † ETIENNE CHARLES,

« *Archevêque de Toulouse.*

« Par mandement de Monseigneur,

« PUISSANT,

« *Secrétaire.* »

Un an après l'érection de la paroisse de Saint-Simon, le conseil de ville de Toulouse prenait la délibération suivante au sujet de la construction de la nouvelle église.

Conseil de ville (1) 7 juin 1776.

« Par devant MM. Brassalières, chef du Consistoire, Manen, Mascard, Malpel, de Latour, Bru et Pijon, capitouls,

« Le Conseil de Bourgeoisie assemblé dans le petit Consistoire de l'Hôtel de Ville de Toulouse, M. Brassalières, chef du Consistoire, dit : que ce Conseil a été réuni pour y proposer six points... Le second point

(1) Archives de l'Hôtel de Ville.

pour faire part au Conseil de la délibération prise par les habitants et bientenants du quartier de Saint-Simon et du décret de Monseigneur l'Archevêque et lettres patentes qui érigent cette annexe en bénéfice cure... Sur ce second point, lecture faite de la délibération des paroissiens de Saint-Simon, annexe de Portet, il a été décidé de renvoyer l'examen aux deux commissions. »

Ces commissions se réunirent en effet pour examiner l'affaire et déposer leur rapport.

Il fut discuté le 10 décembre 1776, comme l'atteste la délibération suivante (1) :

« Par devant MM. Brassalières, chef du Consistoire, Manen, Mascard, Malpel, de Latour, Pratviel d'Amades et Pijon, capitouls :

« Le Conseil de Bourgeoisie assemblé pour y proposer les points suivants :

« 7e point. — Pour entendre le rapport des commissions au sujet de l'église et de la maison presbytérale de Saint-Simon.

« Sur ce point, M. le Syndic de la ville a dit que par l'examen que la commission a fait du plan levé par le sieur Virebent cadet, en exécution d'une délibération de la dite commission pour savoir l'étendue de la paroisse de Saint-Simon érigée depuis peu en bénéfice cure, elle a vu que la contenance du terrain se portait à mille neuf cent trois arpents situés sa-

---

(1) Archives de l'Hôtel de Ville.

voir : neuf cent vingt-deux dans le capitoulat de la Daurade, deux cent vingt-deux dans celui du Pont-Vieux, dans Saint-Simon quatre cent soixante quatre et dans la commune de Portet deux cent quatre-vingt quinze arpents, ces quatre articles formant l'étendue de la dite paroisse ; et l'avis de la commission est de charger l'ingénieur de la ville de dresser les devis de la construction de l'église et de la maison presbytérale et que les frais des dites constructions seront supportés par les deux capitoulats de la Daurade et du Pont-Vieux relativement à la contenance du terrain qui y est situé, par la communauté de Portet à raison de deux cent quatre-vingt quinze arpents et par les possesseurs des biens nobles de Saint-Simon à raison de quatre cent soixante-quatre arpents qu'ils y possèdent. .

« Sur quoi, ouï le rapport du commissaire, il a été délibéré conformément à l'avis de la commission. »

Un an plus tard, 20 décembre 1777, le Conseil des Capitouls se réunissait encore pour délibérer sur la construction de l'église. Nous empruntons aux délibérations de l'Hôtel de Ville la décision prise.

« Sur le 20e point. — M. Mascard, capitoul, a dit que les paroissiens de Saint-Simon étaient d'accord avec les décimateurs et bientenants de ladite paroisse sur l'emplacement de la construction de l'église et maison presbytérale relativement au nouveau plan dressé par l'ingénieur de la ville, il ne reste maintenant qu'à délibérer l'exécution du dit plan dont la dépense suivant le devis se porte à trente-trois mille quarante-cinq livres neuf sols sept deniers. Sur quoi, ouï le rapport des commissaires, il a été délibéré d'approuver le dit plan et devis pour être de suite exécuté. »

La délibération des capitouls concernant la construction de la nouvelle église de Saint-Simon fut ratifiée par l'intendant général de la province du Languedoc.

La somme votée, le devis et le plan de l'église et du presbytère furent approuvés par une ordonnance datée du 26 août 1779.

Toutes les formalités étant remplies, et toutes les autorisations données, la ville de Toulouse se mit en mesure de construire l'édifice d'après les plans du sieur Virebent; en moins de deux ans, l'œuvre fut terminée.

On plaça le cimetière à la gauche de l'église, le presbytère fut construit à sa droite. Elle coûta trente-trois mille livres sept sols sept deniers. Il nous semble qu'avec cette somme on aurait pu édifier un temple plus élégant et un clocher moins modeste. On s'appliqua à construire *sans goût* un vaste parallélogramme, flanqué de deux chapelles et d'une sacristie, et orné d'un simple plafond. Il semble qu'à cette époque le sentiment religieux avait disparu autant dans les idées que dans les monuments.

Vers la fin du dix-huitième siècle, au moment où l'église de Candie fut désaffectée, il y avait sur le territoire de Saint-Simon quatre chapelles, dont une, très ancienne, appelée l'oratoire, située sur les frontières de Cugnaux et de Saint-Simon. Elle appartenait à M. de la Roche-Thibaut. On y disait la messe et les habitants de cette région ne manquaient pas d'y venir assister, toutes les fois que l'occasion se présentait. Nous lisons dans un procès-verbal de visite pastorale du dix-huitième siècle que les curés d'alors se plaignaient que des prêtres, venus de Toulouse ou d'ailleurs, disaient dans cet oratoire la messe sans leur permission. Il ne reste rien de cet oratoire, la Révolution dut le démolir.

Une autre chapelle, celle des *Jésuites*, était élevée au milieu d'une propriété située sur le chemin de Saint-Simon à Saint-Michel. Le peuple la désigne encore sous le nom de *Juistes*. Cette chapelle attirait beaucoup de monde au détriment de la paroisse, et les curés s'en plaignaient amèrement quand les évêques faisaient leur visite. Ces plaintes sont consignées dans les procès-verbaux de l'époque.

Deux autres chapelles domestiques existaient dans la paroisse, celle de l'infirmerie des Bénédictins de la Daurade, et enfin la chapelle de M. de Malepeyre.

CHAPITRE V

Construction de la nouvelle Eglise — Conflits soulevés à cette occasion.

1° Construction de la nouvelle Eglise.

En fouillant dans les archives de la Haute-Garônne, nous avons trouvé le devis suivant présenté par M. Carcenac, architecte, chargé de la construction de la nouvelle église et du presbytère.

DEVIS

« d'une église et d'une maison presbytérale, à construire dans le quartier de Saint-Simon de Lardenne, dans la vigne du nommé M. Dostes, sur le chemin de Bachecame, en face de la rue de Réguelongue, en vertu de l'ordonnance de Monseigneur l'Intendant du Languedoc, des diverses commissions et du Conseil de ville tenus à cet effet d'après le plan, coupe, profil, élévation et état estimatif dressé par le sieur Carcenac, directeur des travaux publics de la ville de

Toulouse, lesquels ont été agréés et paraphés par les parties intéressées le 7 décembre 1777 et le 3 janvier 1778. »

OBSERVATIONS

Sur l'emplacement de l'Eglise, de la Maison Presbytérale et du Cimetière.

« La position la plus avantageuse de ladite église exige que le portail d'entrée et frontispice soit en face d'une rue longue de cami nouvel, précédée d'une place, ainsi que l'entrée de la maison presbytérale et celle du cimetière ; cette place doit être garnie d'ormeaux, savoir quatre rangs sur l'avenue qui formeront trois allées, un rang longeant le chemin de Bachecame, et un autre rang en retour d'équerre vers l'extrémité de la maison du curé. »

Après ce préambule, l'architecte, en treize articles, spécifie la hauteur, la largeur, la longueur et l'épaisseur de l'édifice et détermine les matériaux dont les entrepreneurs devront se servir. Nous ne publierons pas ces détails purement techniques qui devaient servir de direction aux maçons, charpentiers et autres ouvriers. Contentons-nous de dire que les murs de face et de côté devaient avoir cinq toises cinq pieds de hauteur, soit onze mètres cinquante et que le clocher devait s'élever cinq toises plus haut que la muraille qui le portait, soit dix mètres en plus. D'après le plan, l'église devait avoir cinq toises de largeur (environ dix mètres), onze de longeur (environ vingt-deux mètres). Le sanctuaire devait avoir en plus quatre toises de longueur, les deux chapelles de la croix devaient avoir dix-huit pieds de hauteur (près de 7 mètres) et celle des fonts-baptismaux en face la cage de l'escalier quinze pieds (soit quatre mètres soixante environ).

Ce devis ne parle pas du tout, ni de sanctuaire ni de sacristie. La ville de Toulouse avait laissé aux principaux bientenants de Saint-Simon, aux Bénédictins de la Daurade et au curé de Portet, le soin de se procurer la somme nécessaire pour terminer le monument. Il existe, en effet, aux archives de la Haute-Garonne, plusieurs pièces relatant la construction du sanctuaire et de la sacristie. L'une d'entre elles est une feuille de souscription, signée par les principaux propriétaires du lieu, une seconde est un devis supplémentaire. Plusieurs autres relatent des difficultés survenues à l'occasion de ces dernières constructions, et une réduction faite par un expert sur le prix des entrepreneurs.

Le devis, après avoir tout spécifié et prévu, pour la construction de l'église, nous donne les détails de son ameublement intérieur :

« Dans la chapelle des fonts-baptismaux, y est-il dit, il sera placé une piscine en pierre blanche, de montagne, d'environ trois pieds de diamètre, elle sera placée sur un piédestal de la même qualité de pierre, le tout élevé sur une marche circulaire en pierre de taille de Carcassonne ; les fonts-baptismaux seront fermés par une balustrade en barreaux tournés.

« On mettra aux piliers, à droite et à gauche de la porte d'entrée, dans l'intérieur de l'église, deux autres bénitiers en pierre blanche de montagne.

« Dans le fond de chacune des deux chapelles de la croix, sera placé un autel à tombeau de forme antique avec son gradin et marchepied de bois de noyer ou d'ormeau peint à façon de marbre. Avant de poser lesdits autels, le parement du mur du fond de chaque chapelle sera enduit de plâtre et orné de deux pilastres, plinthe et corniche en moulures, avec un léger ornement. Le milieu sera encadré pareillement en moulures pour recevoir un tableau, d'environ quatre pieds six pouces, que la paroisse fera mettre à ses frais et dépens.

« On placera deux confessionnaux, un dans le renfoncement d'un des murs de chaque chapelle de la croix, faits en bois de frêne bien assemblé en bonne menuiserie.

« Le banc pour MM. les Capitouls sera placé à droite, dans une partie du renfoncement du portique du milieu de la nef, composé d'un dossier siège, marche-pied et prie-Dieu avec les armes de la ville, fait en bois de chêne et les panneaux en bois de pin, de couleur de bois de noyer et le tout bien ciré et frotté.

« Il sera fait une chaire à prêcher, de forme octogone, suivant dessin particulier, le tout fait en bonne menuiserie de bois de frêne vernissé, la main courante et siège seront rembourrés et garnis de peau de maroquin; ladite chaire sera placée au second pilier de la nef, du côté gauche de l'entrée, lequel sera percé d'une ouverture tournante, on y pratiquera dans la chapelle un petit escalier dérobé, en bois de sapin. »

Il avait été proposé dans le premier état estimatif de faire et mettre en place quatre cloches; dans le second état, il devait n'y en avoir que deux ou point du tout. Par le délibéré de la commission du 9 décembre 1777, il fut arrêté qu'on se servirait de trois cloches qui sont dans la chapelle actuelle de Saint-Simon, qui appartiennent à cette paroisse, « l'entrepreneur sera obligé de les faire descendre, de les faire transporter et mettre en place au clocher de la nouvelle église ».

Nous verrons un peu plus loin que ce dernier article devint l'objet d'un grave conflit.

Mentionnons, enfin, le dernier article de ce devis qui détermine la création de la place actuelle.

« En face de l'avenue et du portail de l'église, il sera construit sur le fossé ou aqueduc un pont de maçonnerie de dix-huit pieds de longueur; d'une tête à l'autre, on placera aux extrémités quatre bornes en pierre de Carcassonne.

« La partie de la rue de Bachecame, au devant de la place seulement, sera pavée sur dix-huit pieds de largeur, l'allée depuis ledit pont jusqu'au presbytère de l'église, sera pavée sur trente pieds de largeur, — les pourtours de l'église sous les stillicides seront aussi pavés. On élèvera au milieu du cimetière une croix en pierre de la carrière de Pézens, de quatre pieds six pouces de hauteur. »

Ce devis nous donne aussi tous les détails de la construction du presbytère que la ville de Toulouse fit élever à la droite de l'église.

Il se composait d'un corps principal avec deux ailes, entre cour et jardin. Le corps principal formait une chartreuse dont l'élévation était de vingt pieds; on y pénétrait par deux portes, l'une donnant sur la cour, l'autre sur le jardin, un corridor était au milieu; sur ce corridor s'ouvraient des portes conduisant aux sept pièces principales de la maison qui avait sur la cour et le jardin sept croisées de façade; ce presbytère passa par de nombreuses vicissitudes que nous rapporterons plus tard.

2° Difficultés soulevées par la construction de l'Eglise et l'érection de la nouvelle Paroisse.

La construction de l'église de Saint-Simon n'était pas encore achevée, que des conflits sérieux surgirent de plusieurs côtés; les uns vinrent de l'opposition du sieur de Saint-Simon, les autres furent suscités par la communauté de Portet.

Le premier incident vint du refus du sieur de Candie de livrer les cloches de l'ancienne église pour être placées à la nouvelle. Le conflit fut vidé par les tribunaux. — Entre temps, on demanda aux capitouls de Toulouse une cloche de sept quintaux qu'ils refusèrent, sous prétexte que le clocher n'était pas assez fort pour la porter (*Délibération de décembre 1781*).

Fortement blessés de l'opposition du Seigneur de Candie, les habitants et bientenants de la paroisse nouvelle se réunirent dans l'église qui venait d'être construite, et prirent la délibération suivante :

« L'an mil sept cent quatre-vingt-deux et le vingt-sept octobre à l'issue des offices du soir au lieu de Lardenne gardiage de Toulouse, et dans la nef de la nouvelle église Saint-Simon, pardevant nous, conseiller du roi, notaire de Toulouse, Messieurs les habitants et bientenants de ladite paroisse généralement assemblés, suivant la convocation qui en a été faite au prône de la messe de paroisse et au son de la cloche en la forme ordinaire, présents : MM. Filhol, Durand, Delpech, Dussourd, Waré, Dufrêche, Coüot, Terrade, Vaissière, Vilespy, M. Molinier, prêtre maître des cérémonies du chapitre Saint-Sernin, MM. Calvet, Darnés, Bastié, bientenants, Rebety, Pitau, Castan, Laguens, Fontan, Boubènes, Flambant, Arnaud, Dassier, Jean Boubènes, Delpech, Sévère, Bouteu, Pujol, Fieuzet, Fabre, Pierre Cazaux, Bajou, Dupuy, Rey, Antoine Cazaux, Jean Rivière cadet, Cassé et autres habitants, M. Puget, bientenant, M. Dufrêche, prêtre bientenant, M. Frémont, syndic de ladite paroisse et M. le Curé de ladite paroisse.

« M. Frémont, syndic, a dit que personne ne peut ignorer qu'à Toulouse et aux environs de cette ville la population a plus que doublé et que les habitants tant de la ville que de la campagne ne se soient indéfiniment multipliés, ce qui a donné lieu à l'érection de plusieurs nouvelles cures et à la construction de différentes églises; que dans le territoire de Lalande dépendant du gardiage il n'ait été bâti deux nouvelles églises paroissiales avec chacune leur clocher garni d'un nombre de cloches propres à annoncer les offices divins aux heures accoutumées à tous ses habitants de ces paroisses dont la dépense a été supportée suivant l'arrêt du Conseil du seize juillet mil sept cent soixante-cinq par imposition sur les taillables du capitoulat où les églises sont situées, que cette paroisse dédiée à saint Simon est extrêmement peuplée et d'une étendue de plus d'une lieue, n'ayant originairement qu'une petite église ci-devant annexe de Saint-Martin de Portet, insuffisante à cause de la petitesse pour contenir tous les paroissiens, bâtie d'ailleurs à l'extrémité de la paroisse, très incommode par son éloignement soit pour l'administration des sacrements, soit pour se rendre pour entendre la messe de paroisse, soit pour les fonctions curiales dans toute son étendue.

« Que sur toutes considérations, et les autres inconvénients qui résultent de cet éloignement, après beaucoup de mouvements près de Monseigneur l'Archevêque, de Monseigneur l'Intendant et de Messieurs les Capitouls, on est parvenu à avoir la nouvelle église où l'office divin se fait depuis plus d'un an; bâtie dans le centre des habitations pour la plus grande commodité des paroissiens et aux dépens des fruits prenants et des impositions qui ont été faites.

sur les taillables du capitoulat de la Daurade sur lequel la dite église est située en conformité de l'arrêt du conseil de mil sept cent soixante-cinq ci-dessus mentionné. Mais que ce n'est pas le tout d'avoir une église, que pour y faire les offices avec la décence requise il y manquait bien des choses entre autres la clôture du sanctuaire par une balustrade ou appui de communion; des ornements de différentes couleurs en usage, et des cloches propres à se faire entendre de tous les paroissiens qui espéraient que la ville leur aurait fait la même faveur de leur en accorder comme elle en fait aux églises de Lalande ce qui n'a pas eu lieu, parce que sans doute elle a entendu qu'après qu'on aurait cessé de faire les offices à l'ancienne église, on en transporterait les cloches à la nouvelle, ce qui paraissait ne devoir souffrir aucune difficulté, mais que la paroisse est instruite que lorsqu'on s'est présenté pour les descendre, M. Candie s'y est opposé sous prétexte que les cloches et l'ancienne église lui appartiennent, ainsi qu'une partie de l'argenterie et des ornements qui ont servi dans la dite église depuis un temps immémorial, sans qu'il ait produit aucun titre pour justifier sa prétention, que si quelqu'un avait quelque droit sur cette église on ne pouvait l'attribuer qu'aux fruits prenants parce que l'on sait qu'avant l'édit de mil six cent quatre-vingt-quinze les églises paroissiales étaient à leur charge; que ce seraient les Révérends Pères Bénédictins qui ont dans cette paroisse les trois quarts de la Dîme et M. le Curé de Portet qui en a le quart restant, qui en sont les propriétaires ce qui se prouve par les actes qui sont dans les archives de la Daurade, où l'on trouve que l'église de Saint-Simon qui existait de l'année mil deux cent cinquante-quatre leur appartient, ayant été baillée en échange avec l'église Saint-Martial de Beaupuy, à Bertrand de Montaigut, prieur de la Daurade, par Raymond, évêque de Toulouse, le vingt novembre de la dite année mil deux cent cinquante-quatre, et que ce qui prouve encore cette propriété, sont toutes les sommes que les pères ont dépensées à l'entretien de cette église dans les quinzième, seizième et dix-septième siècles et dans le siècle présent, leurs registres contenant plus de trente articles de dépenses, tant avant qu'après l'édit de mil six cent quatre-vingt-quinze dont on ne parle pas pour ne pas entrer dans un si long détail. »

Le sieur de Candie fut sans doute obligé de céder les trois cloches qui se trouvaient à l'ancienne église. Les céda-t-il volontairement ou par force? C'est ce que nous n'avons pu découvrir; toujours est-il qu'il existe encore au clocher de l'église actuelle une vieille cloche qui porte le millésime respectable de mil trois cent quatre-vingt-cinq et qui provient de l'église de Candie.

a) Conflits entre la commune de Portet et la ville de Toulouse.

Les Capitouls, en construisant la nouvelle église de Saint-Simon dans le gardiage ou territoire dépendant de la ville de Toulouse, avaient décidé que la commune de Portet et le seigneur de Saint-Simon, sur le territoire desquels s'étendait une partie de la nouvelle paroisse, contribueraient aux frais de construction de l'église et du presbytère au *prorata* du nombre d'arpents dépendant de la paroisse nouvelle dans le territoire de leur communauté ou de leur seigneurie.

La communauté de Portet ayant été taxée pour la somme de six mille huit cent quatre-vingt-dix-sept livres, refusa de payer et fit appel de la décision des Capitouls, à l'Intendant général du Languedoc : La requête était ainsi formulée :

« *A Monseigneur l'Intendant Général du Languedoc,*

« Supplient humblement les syndic, consuls et communauté de Portet, qu'il aurait été établi dans le lieu de Saint-Simon, limitrophe de la communauté de Portet, une nouvelle paroisse. Il est prétendu qu'en conséquence d'une de vos ordonnances du 26 août 1779 la ville de Toulouse fit construire une église et une maison presbytérale dans le susdit lieu de Saint-Simon, laquelle construction coûte, dit-on, quarante-quatre mille quatre cent quatre-vingt-dix-sept livres dont la ville a fait l'avance.

« Il est prétendu que la paroisse de Saint-Simon embrasse dans son sein mille neuf cent trois arpents de terrain, dont deux cent quatre-vingt-quinze sont dans l'étendue du taillable de Portet.

« La ville de Toulouse ayant fait faire la construction sans appeler la communauté de Portet, et ayant fait la répartition de la somme de quarante-quatre mille quatre cent quatre-vingt-dix-sept livres montant de cette construction sans avoir également appelé la communauté de Portet, prétend que cette communauté doit contribuer à cette construction pour une somme de six mille huit cent quatre-vingt-dix-sept livres et sur le fondement de l'édit du mois d'avril 1695, de l'arrêt du Conseil du 8 mai 1703, des lettres patentes du 1er février 1732 et d'autre arrêt du Conseil du 30 octobre 1731, qui assujettissent les hauts domiciliés et forains d'une paroisse à contribuer aux constructions des églises paroissiales et maisons presbytérales..... elle s'est pourvue devant vous Monseigneur demander que dans huitaine pour tout délai les suppliants seraient tenus de procurer aux capitouls et syndic de la ville de Toulouse la somme de six mille huit cent quatre-vingt-dix-sept livres du montant de la cotte part pour laquelle la communauté doit contribuer à la construction de la nouvelle église dont s'agit à peine de demeurer personnellement responsable... »

Ici le mémoire que nous analysons donne les raisons juridiques du refus de paiement. Les lois que l'on a citées n'assujettissent à la construction des églises paroissiales que les habitants forains et nullement les communautés voisines, ainsi la communauté de Portet a fait réparer l'église de sa paroisse et la maison curiale sans le secours de la ville de Toulouse quoique ayant des paroissiens dans son gardiage. La construction devrait donc, si elle devait être imposée, tomber sur les paroissiens en particulier et non sur la communauté dont ces paroissiens se trouvent membres, car elle n'est tenue qu'à l'entretien de son église et non à celui des paroisses voisines.

Le mémoire concluait ainsi : « Ce considéré il plaira de vos grâces, Monseigneur, vu que la communauté de Portet a dans son taillable une église paroissiale, une maison presbytérale et un cimetière qu'elle a contribué en un seul à la construction de ladite église, maison presbytérale et cimetière sans le secours des habitants de Saint-Simon et de la ville de Toulouse, décharger les suppliants de toute contribution à la construction de l'église et maison presbytérale du lieu de Saint-Simon : ce faisant les décharger de la demande contre eux formée par les consuls et syndic de la ville de Toulouse avec dépens et frais de justice. »

« *Signé :*

« LES SYNDIC ET COMMUNAUTÉ DE PORTET SUPPLIANTS. »

A cette fin de non recevoir, les Capitouls et Syndic de la ville de Toulouse adressèrent à l'Intendant Général du Languedoc un long mémoire, dont voici le résumé :

« La nouvelle paroisse de Saint-Simon a pour district une partie du taillable de Portet, à concurrence de deux cent quatre-vingt quinze arpents sur mille neuf cent trois qui forment l'étendue de cette paroisse. L'église de cette paroisse a été assise dans le dit lieu de Saint-Simon, gardiage de Toulouse et en vertu d'une ordonnance de Monseigneur votre prédécesseur. La ville a fait faire cette construction ainsi que celle de la maison presbytérale, ce qui a coûté quarante-quatre mille quatre cent quatre-vingt-dix-sept livres dont elle a fait l'avance.

« La communauté de Portet appelée à s'expliquer sur le refus de paiement a répondu par des raisonnements à perte de vue, totalement étrangers en l'espèce, concluant à ce qu'elle soit déchargée de toute contribution à la construction de l'église.

« Là-dessus les commissions des affaires contentieuses et économiques réunies ont délibéré le 16 juillet dernier de défendre à la requête des consuls syndic et communauté de Portet jusqu'au jugement définitif.

« La justification des droits des suppliants n'exige pas de profondes recherches, car c'est une maxime consacrée par nos lois et recueillie par nos meilleurs auteurs que tous les biens situés dans le district d'une paroisse doivent contribuer aux constructions et réparations des églises paroissiales et maisons presbytérales dans quelques communautés et dans quels taillables qu'ils se trouvent d'ailleurs assis. *Le rapport développe longuement ce principe par des textes variés d'édits, arrêts du Conseil d'Etat, lettres patentes du roi*, etc., *nous laissons de côté tous les détails juridiques.* »

Le mémoire des capitouls après avoir détruit une

à une toutes les raisons invoquées par la communauté de Portet conclut ainsi : « Ce considéré il plaira, à vos grâces, Monseigneur, sans avoir égard à la requête du syndic, consuls et communauté de Portet et les en démettant, adjuger aux suppliants leurs précédentes conclusions, en faisant ordonner que dans le délai de huitaine les consuls de Portet seront tenus de procurer aux suppliants la somme de six mille huit cent quatre-vingt-dix-sept livres de la quote part pour laquelle la communauté doit contribuer à la construction de la nouvelle église et maison presbytérale de Saint-Simon, à peine d'en demeurer responsable personnellement avec dépens et frais de justice. »

Sur l'ordre de l'Intendant de la province, ces réclamations furent signifiées le 26 mars 1787 à la commune de Portet; nous ignorons quelle fut la solution donnée à ce différend.

b) Conflit entre les quartiers de Villenouvelle et Tucau et la communauté de Portet.

Dès que l'église de Saint-Simon eût été transportée sur le territoire de Toulouse, la communauté de Portet revendiqua le quartier de Villenouvelle qui jusque-là avait dépendu du domaine seigneurial et ne payait impôt nulle part.

Au moment de la conscription, elle somma les jeunes gens de ce quartier de venir tirer au sort à Portet, mais ceux-ci refusèrent et vinrent prier les capitouls de les admettre au nombre des conscrits de la banlieue.

Persistant dans leurs revendications, les consuls de Portet envoyèrent des géomètres pour arpenter le terrain neutre du *Tucau* et de *Villenouvelle* qui n'était pas dans le gardiage de Toulouse, mais les habitants empêchèrent par la force ces opérations. La communauté de Portet porta plainte, et obtint de la cour des aides de Montpellier (17 juillet 1781) un arrêté ordonnant une enquête contre les auteurs des troubles et empêchements causés aux experts désignés pour arpenter et allivrer le terrain de Villenouvelle. Il fut reconnu par les experts que les terrains qui jusqu'alors n'étaient pas imposés parce qu'ils dépendaient du domaine seigneurial, comprenaient quatre cent quatre-vingt-dix-neuf arpents — ainsi décomposés :

Quartier de Villenouvelle...................	18 arpents
Le Tucau..................................	113 arpents
Métairie de l'hôpital......................	39 arpents
Fonds du sieur Monlon......................	140 arpents
Fonds possédés par M. de Candie, *château, cimetière, église, maison* de Thibaut, fonds du sieur Sol............................	135 arpents
Fonds donnés par M. de Candie dans le quartier de Villenouvelle.........................	54 arpents

En présence des prétentions de Portet, les habitants du nouveau quartier de Villenouvelle se réunirent et décidèrent d'adresser une demande au syndic de la ville de Toulouse, pour lui exprimer le vœu que le quartier nouveau fût annexé au gardiage de Toulouse, ce quartier étant immédiatement au delà des limites de la banlieue et par oubli n'ayant été imposé nulle part. Voici les raisons que leur syndic fut chargé de donner à celui de Toulouse pour obtenir cette incorporation. « Nous refusons d'être incorporés à la commune de Portet parce que la nouvelle église de Saint-Simon n'est qu'à six cents pas, tandis que celle de Portet est à une lieue. La principale récolte étant celle du vin, il nous sera avantageux d'appartenir au gardiage de Toulouse pour le faire entrer en ville et le débiter. »

Ce quartier nouveau comprenait dix-sept chefs de famille, car M. de Candie avait donné tout récemment des inféodations (cent arpents) à plus de cinquante particuliers qui avaient été obligés de bâtir pour cultiver le terrain inculte qui leur avait été attribué, moyennant une rente annuelle.

Faisant droit à cette requête, les Capitouls de Toulouse adressèrent un mémoire aux Etats du Languedoc (1781-82), afin qu'il leur fût permis de comprendre dans le livre terrier de la ville de Toulouse le hameau de Villenouvelle et le territoire de la paroisse qui jusque-là ne payait impôt nulle part. « Attendu que ce territoire dépend de la paroisse de Saint-Simon nouvellement érigée et démembrée de celle de Portet. »

Portet, à son tour, soutint ses prétentions plus fort que jamais.

Les habitants du quartier de Villenouvelle ne voulant à aucun prix être incorporés à la communauté de

Portet, manifestèrent à leur tour leur volonté plus ferme que jamais d'être incorporés à Toulouse; ils adressèrent mémoire sur mémoire pour arriver à ce résultat.

De son côté, M. de Candie, seigneur de Saint-Simon, voyant son influence entièrement détruite, par le transfert de l'église, « *qui depuis six siècles était adossée à son château* » sur le territoire de l'Ardenne-Haute, banlieue de Toulouse, ne voulant pas que Toulouse et Portet reçussent satisfaction, imagina de demander à l'Intendant de la province que le terrain en contestation, jusqu'alors seigneurial, fût allivré (*imposé*) et que ce territoire nouveau fût érigé en consulat indépendant.

Nous citons intégralement ce mémoire important qui est une histoire abrégée de la seigneurie de Saint-Simon et de son église.

CHAPITRE VI

Mémoire du sieur Candie de Saint-Simon contre l'Érection de la Paroisse et l'Annexion du quartier de Villenouvelle, dans le Gardiage de Toulouse.

MÉMOIRE

Pour M. Candie, seigneur de Saint-Simon, trésorier de France de la généralité de Toulouse,

Contre les Syndics du Capitoulat de la Ville de Toulouse et contre les Consuls de Portet.

« Le terrain et Seigneurie de Saint-Simon assis dans la viguerie de Toulouse, est confronté et limité des aspects du levant et midi par le terrain et taillable de Portet, du couchant par le terrain de Cugnaux et celui du gardiage de Toulouse et du septentrion par le dit gardiage.

« Le don de ce terrain fut sans doute la récompense des services rendus aux comtes de Toulouse, ou aux premiers de nos Rois qui ont possédé ce Comté. On doit au moins le présumer ainsi de l'hommage qui fut rendu au Roi le 9 novembre 1389 par noble Jean d'Isalguier dans lequel il déclara et il reconnut à sa Majesté le lieu de Saint-Simon dans la Viguerie de Toulouse avec juridiction jusqu'à soixante livres tournois, six livres tournois de *Menus Ecus*, la cinquième partie des fruits sur vingt-cinq arpents de jeunes vignes et quatre cent quartonades de terrain dont il en avait alors vingt seulement de culture.

« La glebe de cette seigneurie fut divisée dans la suite par les successeurs ou ayant cause de noble Jean Isalguier, en trois parties, dont l'une passa au sieur Delpech, elle est possédée par M. Sol, docteur en médecine, les deux autres avec la justice attachée au fief parvinrent l'une au sieur de Caulet et l'autre au sieur de Mariotte. Ces deux parties ont été acquises de leurs héritiers par le sieur de Candie.

« Il y a bien tout lieu de croire que la partie du terrain de Saint-Simon qui servait les six livres tournois de menus écus à Jean Isalguier lui fut abandonnée ou à ses successeurs et qu'elle fut donnée de nouveau à l'auteur de l'hôpital général de Toulouse sous la rente en blé qu'il paie au seigneur de Saint-Simon pour sa métairie dite Francazal située dans Saint-Simon.

« De manière que lorsque le (Compoix) de la Province en général et celui du diocèse de Toulouse en particulier furent faits pour la règle du département des impôts, ce terrain se trouvant tout noble et possédé par main-noble, il fut excepté du compoissement, et il ne fut point compris dans aucune des communautés voisines, d'où il suit que la partie de l'allivrement qu'il aurait dû supporter, s'il eût été rural ou avili, demeura à la charge soit de la province en général, soit du diocèse de Toulouse en particulier.

« Aussi n'est-ce que la présente année 1781 que les Capitouls de Toulouse, d'un côté, et les Consuls de Portet de l'autre ont imaginé de mettre la main sur ce terrain, pour le compoisser et l'allivrer chacun dans leur communauté. Voici ce qui y a donné lieu.

« Le terrain de Saint-Simon a eu toujours son église particulière sous l'invocation de saint Simon. Ce fait, s'il pouvait être contesté, serait prouvé par un acte d'accord passé vers le milieu du treizième siècle entre l'évêque de Toulouse et le prieur de l'église Notre-Dame de la Daurade de la même ville, par lequel le Prieur de la Daurade délaissa au prélat l'église de *Belpech-Garnagois* avec son dixmaire et en échange l'évêque céda et délaissa au Prieur les églises de *Saint-Pierre et de la Magdelaine de Portet et celle de Saint-Simon* (alors indépendante de celle de Portet), avec leurs dixmaires ; celui de l'église de Saint-Simon s'étendait sur une partie du terrain qui dépend du gardiage de la ville de Toulouse, presqu'aussi peu peuplé alors que le terrain de Saint-Simon.

« Ces trois églises furent d'abord desservies par les religieux du Monastère de la Daurade, le service en fut confié dans la suite à un prêtre séculier qui les réunit sous le nom de curé de Portet. Le service des deux premières fut réuni dans celle du village de Portet, celle de Saint-Simon fut entretenue par les seigneurs de ce lieu, elle subsista sous le nom d'annexe de Portet. Le service divin et celui de la paroisse y fut toujours continué par un vicaire du Curé de Portet.

« Le terrain qui compose la partie du dixmaire de Saint-Simon dans le gardiage de Toulouse est infiniment meilleur que celui de la seigneurie de Saint-Simon, aussi a-t-il été peuplé et plus tôt et plus vite, puisque ce n'est qu'au mois d'octobre 1664 qu'il se présenta quelques particuliers, habitants, les uns de Cugnaux, les autres du Gardiage ou d'ailleurs, pour prendre du terrain à cultiver à Saint-Simon auxquels il fut donné huit ou dix arpents de terrain pour une modique *Albergue* (ou rente annuelle), par la demoiselle d'Alary alors coseigneuresse de Saint-Simon. Les particuliers qui prirent ce terrain et leurs successeurs y ont peu à peu construit des habitations. Il s'y est formé enfin un hameau assez considérable auquel on a donné le nom de *Villenouvelle*.

« La partie du terrain au dixmaire de Saint-Simon qui est situé dans le gardiage de Toulouse ne suffisant plus pour occuper tous les bras de la population parce qu'une grande partie du fonds y est possédée par des habitants de la ville de Toulouse, plusieurs habitants de ce quartier s'offrirent au seigneur de Saint-Simon pour exploiter une partie du terrain noble de la seigneurie s'il voulait la leur inféoder (donner en rente.) Le seigneur de Saint-Simon accepte leurs offres et par différents baux des années 1776-1777 et 1778, il bailla à nouveau environ *cent arpents* de terrain à quarante ou cinquante particuliers qui se sont obligés de bâtir et d'habiter chacun sur le fonds qu'il a pris.

« L'augmentation des habitants exigea la résidence de deux prêtres pour le service de l'église de Saint-Simon ; cette circonstance engagea l'Archevêque de Toulouse à ériger Saint-Simon et son église en paroisse séparée et distincte de celle de Portet.

« Le nouveau curé de cette paroisse persuada à la partie de ses paroissiens qui habitent dans le gardiage et particulièrement aux habitants de Toulouse propriétaires de la majeure partie des fonds, que l'église paroissiale de Saint-Simon était trop petite pour que tous les paroissiens puissent y être assemblés à la fois, les jours plus solennels, qu'elle était d'ailleurs écartée de leur quartier et de leurs habitations, par conséquent incommode pour eux lorsque la saison des vendanges les invitait à aller passer une partie de l'automne dans leur maison de campagne et qu'il convenait soit au service divin, soit à leur intérêt particulier de faire transporter l'église paroissiale dans le centre de la partie du dixmaire situé dans le gardiage comme étant le plus peuplé.

« Le curé était animé par d'autres motifs secrets ; l'église paroissiale de Saint-Simon avait été construite dans l'origine par les seigneurs de Saint-Simon, rebâtie et entretenue depuis par eux. Les grands honneurs leur appartenaient de droit, dans cette église, à double titre.

« Personne n'ignore jusqu'à quel point la sotte vanité de la plupart des curés s'est élevée de tous les temps contre les droits les mieux établis des *seigneurs de leurs paroisses* au grand scandale de la religion et du public. Le seigneur de Saint-Simon ne pouvait plus prétendre les *honneurs*, du moment que l'église paroissiale serait assise dans le gardiage et construite par la ville de Toulouse.

« D'ailleurs, en changeant l'église de place, le domicile du curé devant se trouver dans le gardiage, il acquérait par là le droit de faire entrer et celui de faire vendre en détail tout le vin de son dixmaire en payant le simple droit d'entrée comme les autres habitants, quoiqu'une grande partie croisse et soit recueillie hors du gardiage.

« La nouveauté plaît en tout et principalement en matière de bâtiments, surtout lorsqu'ils doivent être élevés aux dépens du public. Les idées du curé furent accueillies et reçues avec avidité, surtout par cette partie des paroissiens qui habitent à peine un mois de l'année dans cette paroisse.

« Monseigneur l'Archevêque de Toulouse ordonna cette translation sur la demande de cette masse des paroissiens; la permission de faire les frais de la construction fut accordée par la puissance séculière; la nouvelle église et le logement du curé ont été construits par les soins des Capitouls de Toulouse aux dépens de la ville.

« Les Consuls de Portet, émus et excités sans doute par tous ces différents événements et par tous ces changements, voyant que le terrain de Saint-Simon va sépulcer (1) de jour en jour, ils imaginèrent qu'ils devaient commencer par comprendre les habitants

(1) Vieux mot français signifiant se diviser.

de cette seigneurie et particulièrement ceux du hameau de Villenouvelle dans le rôle de leur communauté pour milice, pour se faire un titre (au moins) coloré pour en prendre occasion d'additionner le terrain de cette seigneurie dans leur Compoix.

« Les habitants du hameau de Villenouvelle, mandés de la part des Consuls de Portet pour tirer le sort dans leur communauté, refusèrent de leur obéir et avec raison ; c'était la première fois que ces consuls avaient entrepris de leur adresser des ordres.

« Les habitants de ce hameau se persuadèrent d'ailleurs qu'il ne pouvait pas y avoir plus de difficulté pour le transport de leur hameau dans le gardiage, qu'il y en avait eu pour celui du service divin et de la paroisse et, se croyant maîtres de disposer tout à la fois de leurs personnes, de leurs demeures et de leurs possessions, ils allèrent demander aux Capitouls de Toulouse de les recevoir, les incorporer et joindre au nombre des habitants du gardiage et de les faire participer à leurs privilèges demeurant leur offre de contribuer à toutes les charges personnelles et réelles comme les autres citoyens de Toulouse.

« Ils se promettaient un double avantage de cette démarche celui de de soustraire aux ordres des Consuls de Portet qu'ils ne voulaient pas reconnaître avec juste raison, et celui de faire vendre en détail leur vin, qui est la presque unique récolte, dans la ville de Toulouse en payant le simple droit d'entrée.

« Les démarches des Capitouls de Toulouse ne sont pas toutes marquées du sceau de la plus grande prudence ; ils crurent voir dans celle des habitants de

Villenouvelle une conquête qui honorerait leur administration et sans réfléchir que les habitants n'avaient aucun droit de donner, ni la ville de Toulouse d'accepter le don, ils commencèrent par établir un dixenier ou commis de Police dans ce hameau pour y exercer en leur nom, et ils comprirent les habitants dans le rolle de la milice et de la capitation.

« Il restait un pas à faire, le Compoissement de la cotisation des fonds du hameau et des possessions des habitants. La réflexion n'est arrivée qu'alors et quoique les Capitouls connaissent du fait des tailles dans le gardiage, ils ont craint avec raison de compromettre leur autorité s'ils ordonnaient la moindre chose à cet égard et, par délibération du Conseil du 24 juillet dernier, il fut délibéré qu'il serait présenté un mémoire à la prochaine assemblée des Etats du Languedoc et remis à M. de Lafage, syndic général de la province, pour demander que le hameau de Villenouvelle et son terrain soit annexé au tableau de Toulouse.

« Les Consuls de Portet ont également compris de leur côté, dans le rolle de leur capitation, non seulement les habitants du hameau de Villenouvelle, mais encore tous ceux de l'entière seigneurie de Saint-Simon.

« Ils sont allés plus loin sur le faux exposé que le terrain de Saint-Simon fait partie du taillable de Portet; ils ont poursuivi et obtenu sur registre arrêt de la cour des aides de Montpellier qui leur permet de le faire arpenter, estimer, allivrer et additionner à leurs compoix.

« Le sieur de Candie, seigneur de Saint-Simon, a instruit d'un côté Messieurs les Commissaires du diocèse de Toulouse des démarches des Capitouls et de celle des Consuls de Portet, afin qu'ils puissent veiller aux intérêts particuliers du diocèse et il vient représenter à nos seigneurs des Etats qu'il n'est pas possible d'accueillir la demande des Capitouls, qu'il paraît juste qu'ils emploient au contraire leur crédit et leur autorité pour faire ordonner, tant contre les Capitouls, que contre les Consuls et communauté de Portet que le terrain de Saint-Simon formera un Consulat et Taillable à part soi, qu'il sera allivré et que sur l'allivrement au temps et à l'époque à laquelle le compoix général du diocèse de Toulouse a été fait, il supportera à l'avenir sa juste quotité de l'imposition générale du diocèse par rolle séparé.

« Les Capitouls savaient que le hameau de Villenouvelle est hors des limites du gardiagé ; s'ils prenaient la peine de lire les lettres patentes de 1373, qui ont fixé ces limites, ils retrouveront que l'extension qui y fut donnée pour lors à la demande des Capitouls ne fut accordée qu'à condition qu'ils ne pourraient jamais prétendre à une plus grande étendue.

« Le rédacteur de leurs mémoires ignore sans doute l'instance pendante au Conseil entre la Province et la ville de Toulouse au sujet de la cotte de l'imposition qui lui est départie. Cela n'est point surprenant, il n'est pas encore bien initié dans tout le mystère de l'administration de cette ville.

« Les sommes versées pour l'Etat dont ils parlent ne sont que le prix d'un abonnement de la quotité de l'impôt renouvelé tous les vingt ans ou celui de la confirmation de la noblesse à laquelle ils aspirent.

« Les frais de la construction de la nouvelle Eglise de Saint-Simon n'est qu'une dépense de pur luxe, provoquée par les habitants et les bientenants du gardiage et adoptée par le Conseil de ville par une suite de son inclination naturelle aux dépenses d'ostentation parce que l'Eglise de Saint-Simon suffisait au nombre de ses paroissiens, qu'elle était d'ailleurs solide et décente.

« En laissant construire la nouvelle église sans appeler les habitants du terrain de Saint-Simon, les Capitouls ont suffisamment reconnu que ceux-ci auraient de justes motifs à s'opposer à une dépense inutile, ils ont voulu s'approprier la direction de l'ouvrage, il est juste qu'ils en supportent la dépense.

« Quoique partie du gardiage soit dans le dixmaire de Saint-Simon, les seigneurs de ce lieu ont seuls entretenu l'église située dans leur terrain pendant tout le temps que le service divin y a été fait, les Capitouls ont consenti, ils ont voulu qu'il fût transporté dans le gardiage, ils l'ont fait sans requérir le consentement de ceux de Saint-Simon, ils doivent supporter eux seuls la dépense de cette translation.

« Quand il faudrait supposer aussi vraie qu'elle est fausse et mal fondée la prétendue crainte du déguerpissement supposé, quel soulagement pourraient espérer pour les citoyens les Capitouls de Toulouse, de la réunion du petit hameau de Villenouvelle à leur gardiage, dix écus tout au plus sur la capitation et autant sur la taille : l'octroi sur le vin, que les habitants de Villenouvelle ne peuvent vendre avec avantage ailleurs que dans la ville de Toulouse, ne produit-il pas davantage annuellement?

« Il ne peut donc y avoir ni motifs, ni raison, ni prétexte raisonnable pour permettre que le hameau de Villenouvelle soit uni et incorporé au gardiage de Toulouse.

« Il serait également injuste que le diocèse de Toulouse et la province fermassent les yeux sur les diligences des consuls de Portet.

« La communauté de Portet ne supporte que sa (quote) de l'impôt relative à son terrain et à l'estime qu'il en a été faite lors du Compoix général du diocèse sans aucun égard au terrain de Saint-Simon qui n'a jamais fait partie de son taillable, la quotité qui aurait été départie au terrain de Saint-Simon a donc rejailli sur tout le diocèse de Toulouse. C'est donc à la décharge du diocèse en général que la partie de ce terrain, avilie depuis l'époque du Compoix général du diocèse, doit être cotisée et non à la décharge de la seule communauté de Portet.

« Une preuve incontestable et sans réplique que la communauté de Portet n'a jamais regardé le terrain de Saint-Simon comme faisant partie de son taillable, c'est qu'elle a fait renouveler son Compoix très souvent depuis l'abonnement général du diocèse, sans que jamais elle ait pensé à y comprendre le terrain de Saint-Simon en tout ni partie.

« Il est donc juste et digne de la sagesse de l'administration de cette province que lieu et terrain de Saint-Simon, omis dans le compescement général du diocèse parce qu'à l'époque de ce Compoix il était possédé noblement dans son entier, il est juste que ce terrain, actuellement roturier en grande partie, forme un consulat et un taillable séparé, afin que la (quote) de l'impôt qui devra lui être départie, d'après l'estime et l'allivrement qui en seront faits eu égard à sa qualité référée à l'époque du cadastre général du diocèse, soit à la décharge du diocèse et c'est à quoi le sieur de Candie conclut.

« CANDIE DE SAINT-SIMON. »

Il ne fut point tenu compte des désirs exprimés par M. de Saint-Simon dans son mémoire. Le territoire de Villenouvelle fut annexé au gardiage de Toulouse; la plupart des meubles et ornements de l'ancienne église furent transportés à la nouvelle ; les cloches prirent le même chemin. L'église nouvelle commençait d'être à peine meublée, et le nouveau curé était à peine installé dans le presbytère que la commune de Toulouse venait de construire, quand survint la Révolution de 1793.

La tourmente révolutionnaire se fit sentir à Saint-Simon. Les anciens du pays racontent encore les tristes scènes auxquelles se livrèrent les Jacobins de cette époque. L'église fut fermée quelque temps : on s'y livra à des profanations sacrilèges et on y établit le culte de la Raison. Toutefois, il existait encore un noyau de fidèles dévoués à leur culte, comme le témoigne le document suivant découvert récemment aux archives de l'Hôtel de Ville :

Registre des Dénonciations.

Poujon, 21 ventôse an III.

« Jean-Baptiste P..., habitant sur l'arrondissement de Saint-Simon-Toulouse, dénonce au bureau de la sûreté que le jour d'hier, étant sur la place, il fut insulté et menacé par une quantité de citoyens qui s'étaient rendus sur cette place pour assister à l'inauguration du temple de la Raison ; que désirant prévenir un scandale, il se retira avec le citoyen Fontas et citoyenne Jentil, lorsqu'il fut suivi par environ cent femmes qui criaient après lui, et qui ayant joint le déclarant, il fut jeté à terre, traîné, battu à coups de poings et avec des cailloux; elles disaient toujours nous allons te traîner jusques à l'église : nous exigeons de toi que tu en fasses l'ouverture, puisque tu l'as fait fermer, sans en avoir l'ordre, pour priver les habitants d'ouïr la messe et autres offices les jours des dimanches; déclarant qu'on voulait avoir la messe les jours des décadis, si l'on ne pouvait pas l'avoir les jours de dimanches ; et qu'au surplus lui déclarant, avait été à la municipalité pour avoir un ordre à l'effet de faire enlever toutes les croix de missions, ce qui avait été fait, et que les dites croix avaient été volées. Alors le déclarant, avec le secours des citoyens Fontas, Delon et Carlin, parvint à se défaire des dites femmes, et prit pour témoins de ce qui venait de se passer tous les susnommés (suivent les noms de femmes qui l'ont frappé), de laquelle dénonce il demande un jugement pour qu'à l'avenir il puisse jouir paisiblement des droits qu'ont tous les citoyens d'assister au temple de la Raison sans craindre d'y être insulté. »

Un vent de terreur soufflait de toutes parts; on tremblait à la pensée d'être dénoncé au Comité de salut public qui siégeait à Toulouse, et d'être envoyé en prison ou à l'échafaud.

Toutefois, ceux qui étaient malgré tout demeurés fidèles venaient le dimanche entendre la messe, et se procurer les secours des sacrements dans certaines maisons isolées. Comme dans le temps de la primitive Eglise, c'est pendant la nuit que se célébraient les saints mystères.

Le presbytère, nouvellement construit, fut vendu comme un bien national, le 26 thermidor an IV, à un nommé Catelan, de Toulouse, au prix de 5,400 livres, qui les paya probablement en assignats.

Celui-ci céda cette maison avec ses appartenances et dépendances, par déclaration de *command* le 11 fructidor de la même année, à Jean-Marie Bernadot, Jean Rey, Pierre Camy, Jacques Idrac, Jean Savère, Jean Leche, Jean Rivière, Pierre Sudre, Jean Boubènes, — qui, dès que la tourmente eut cessé, subrogèrent (en l'an VII), en leur lieu et place, le curé de Saint-Simon, moyennant la somme de 1,914 livres.

Voici, d'ailleurs, un extrait d'une délibération du conseil municipal de Toulouse constatant ce fait :

« Le quartier de Saint-Simon est situé sur le territoire de la commune de Toulouse. Il y a environ vingt-cinq ans que ce quartier demanda une église. La commune de Toulouse la fit bâtir et fit aussi bâtir un presbytère avec un jardin et un fournial. La révolution étant survenue, la maison presbytérale, le jardin et une place qui étaient sur le devant furent vendus par la ville à divers particuliers de Saint-Simon ; ceux-ci la revendirent à M. Trey-Doustau, curé ; celui-ci étant mort, ses héritiers la revendirent à divers qui l'occupent encore. »

CHAPITRE VII

La Paroisse de Saint-Simon depuis sa création jusqu'à nos jours.

1° Les curés de Saint-Simon ; 2° L'Eglise actuelle ; 3° Statistique paroissiale.

1° Les curés de Saint-Simon.

Nous résumerons l'histoire paroissiale du dernier siècle dans la biographie des curés de Saint-Simon.

M. Jean-François TREY-DOUSTAU

Premier Curé de Saint-Simon (1776-1803).

M. Trey-Doustau était originaire du pays de Comminges. Chargé d'abord; comme vicaire résidant, du service de l'église Saint-Simon de Candie, il s'employa, de concert avec les habitants et les bien-tenants de la partie nord et ouest de Saint-Simon, à faire transférer l'église paroissiale en un lieu plus [illegible] et il y réussit. Désormais, Saint-Simon ne fut plus, au spirituel, annexe de Portet, Monseigneur de Brienne l'érigea en paroisse indépendante et en cure (1). Nommé le 17 février 1776, pasteur de la nouvelle paroisse, M. Trey-Doustau fut installé le 10 mai devant le notaire royal de la ville en présence de Jacques Cassé, syndic de Saint-Simon; de Baptiste Pitau, d'Alexandre Rivière, de François Rebouly, de Raymond Camy et de Jean Bernadot.

Le nouveau curé s'occupa activement de la construction de l'église et du presbytère, et de leur aménagement intérieur.

Dès qu'il eut pris possession de la nouvelle église, il s'appliqua à la meubler des objets nécessaires au culte, il réclama au seigneur de Candie tout ce qui était contenu dans l'église ancienne, maintenant désaffectée. Mais M. de Saint-Simon refusa de livrer les cloches, les ornements et vases sacrés ainsi que les tableaux, prétendant qu'il en était le maître. Il dut pourtant se soumettre; la ville de Toulouse eut raison de ses prétentions.

Toutefois, le mobilier n'était pas bien riche, on dut s'adresser à des ouvriers de Toulouse pour le compléter, comme l'indique le traité suivant, dont la minute est aux archives de la Haute-Garonne :

« Entre le R. P. dom Sancené, procureur et syndic du vénérable chapitre Notre-Dame de la Daurade de

---

(1) Le décret de l'archevêque de Toulouse érigeant la cure de Saint-Simon est du 12 mai 1775 et les lettres patentes du roi confirmant cette érection du 21 octobre 1775.

Toulouse, d'une part, noble de Latannerie, curé de Portet, d'autre part ; maître Trey-Doustau, curé de Saint-Simon, encore d'autre part, et le sieur Maillot, professeur de l'Académie de peinture ; le sieur Antoine Lapeyre, doreur, et le sieur Montreuil, sculpteur, tous les trois habitants de cette ville d'autre part, a été convenu et arrêté que ledit sieur Maillot s'oblige de faire, pour le maître-autel de Saint-Simon un tableau peint sur toile représentant un christ élevé sur la croix et qu'il y sera placé d'un côté un saint Simon et de l'autre un saint Benoît avec les attributs convenables à ces deux saints ; le tout bien peint en bonnes couleurs et bien nourri de couleurs et en observant toute la règle quant à la correction du dessin. Lequel tableau aura sept pieds cinq pouces six lignes de largeur sur onze pieds de hauteur, et pour lequel le sieur Maillot sera tenu de fournir seulement la toile, châssis dormant et le roulant pour le transport, et pour ce dessus il sera donné audit sieur Maillot une somme de cent huit livres, exigible quand le tableau sera mis en place audit lieu de Saint-Simon.

« Avec ledit sieur Montreuil, il a été convenu que celui-ci s'oblige de faire, pour ladite église de Saint-Simon, et de mettre en place sur le lieu un autel à tombeau, avec un gradin et tabernacle, lequel tombeau aura douze pans de longueur sur la hauteur ordinaire, en bon bois tel qu'on est dans l'usage de l'employer pour ces ouvrages, le tout conforme au plan donné par ledit sieur Montreuil. Lequel tombeau seulement sera peint en marbre figuré de plusieurs espèces différentes. Tous les susdits ouvrages, ainsi faits et parfaits suivant les règles de l'art, pour le prix de deux cent vingt livres payables lors de la réception de l'ouvrage.

« Et avec ledit sieur Lapeyre a été convenu que celui-ci s'oblige de peindre en marbre figuré de différentes qualités et des plus fines les panneaux dudit tabernacle de même que le gradin et de dorer généralement tous les ornements et les montures et la porte du tabernacle, en observant d'employer le mat et le bruni suivant les règles de l'art, le tout pour le prix et somme de cent livres payables lorsque ledit ouvrage sera reçu.

« Au surplus, ledit sieur Lapeyre a promis de fournir un cadre de huit pouces de largeur pour le susdit grand tableau et de le peindre en marbre doré, le tout moyennant la somme de cinquante-trois livres...

« Tous lesquels prix ci-dessus convenus seront payés auxdits sieurs Maillot, Montreuil et Lapeyre à savoir : trois cinquièmes par le R. P. dom Sancené, un cinquième par ledit noble de Latannerie et le cinquième restant par ledit Me Trey-Doustau.

« Fait en double, à Toulouse, le 26 mars 1781 (1). »

(*Suivent les signatures.*)

---

(1) On sera peut-être surpris de voir les Bénédictins de la Daurade et le curé de Portet commander et payer avec le curé de Saint-Simon les meubles ci-dessus désignés. Il suffit de savoir, pour bien comprendre cette situation, que les dîmes de toute la paroisse étaient perçues par les Bénédictins de la Daurade, qui en donnaient un cinquième au curé de Portet et un cinquième au curé

Le curé inamovible de la paroisse ne percevait que le cinquième des fruits décimaux, qui lui était fourni par le prieur de la Daurade. Cette somme n'était pas suffisante pour subvenir à ses besoins; il s'en plaignit à l'archevêque de Toulouse, dans une lettre qui se trouve aux archives de la Haute-Garonne. Il donne pour raison : Que le cinquième des fruits décimaux ne lui suffit pas pour vivre avec son vicaire, et demande qu'on le mette à la *portion congrue*, ou traitement fixe.

Saint-Simon, dit-il, ayant une lieue d'étendue en tous sens, il est indispensable que le curé ait un cheval pour faire le service. De plus, son presbytère est seul près de l'église. Il y vient souvent, à cause de la proximité de la ville, de nombreux quêteurs qu'il faut assister et souvent accueillir. Les mendiants sont aussi très nombreux.

Le dimanche et fêtes, le presbytère est ouvert aux habitants éloignés, qui y remisent leurs chevaux et y reçoivent l'hospitalité.

Il termine sa lettre en disant qu'après trente ans d'un ministère pénible et fatigant, il a absolument

---

de Saint-Simon. C'est pour cela qu'ils contribuaient aux dépenses pour trois cinquièmes, et les deux curés pour un cinquième chacun. Nous pouvons conclure de ce traité que ceux qui percevaient la dîme étaient tenus de fournir à l'église, dont ils étaient les titulaires, les meubles nécessaires. D'ailleurs, à cette époque, la dîme contribuait au traitement des curés, et par leur intermédiaire à l'entretien de l'église et à ses réparations. Chaque église se suffisait et les biens qu'elle possédait servaient à son entretien.

besoin d'un deuxième vicaire qui le supplée, car il est souvent malade et infirme.

Monseigneur de Fontanges accueillit favorablement cette demande et condamna les Bénédictins de la Daurade à payer annuellement mille livres au curé de Saint-Simon.

Quand fut promulguée la constitution civile du clergé, M. Trey-Doustau fut du nombre des prêtres qui, oubliant leur caractère sacré, prêtèrent serment à cette constitution impie. Ce fut le 13 mars 1791, que dans son église, après la messe et après avoir fait un discours pour justifier sa conduite, il prononça son *serment sacrilège* (1). Il renouvela ce serment à Toulouse (2), en présence des autorités, le 7 avril 1791.

Saint-Simon n'eut donc pour curé, à cette époque troublée, qu'un rénégat. Aussi le laissa-t-on bien tranquille, ainsi qu'un vicaire qui portait le même nom que lui et qui fut rénégat à son tour, car l'un et l'autre figurent sur la liste de ceux qui remirent leur déclaration de renonciation à *leur état de prêtrise* le 9 juin 1794 ! Notre main sacerdotale tremble en relatant de si tristes défections, et nous ne pouvons que flétrir avec indignation la conduite sacrilège du premier pasteur de Saint-Simon !

Nous avons trouvé sur une page de registre, très mal tenu, les deux notes suivantes, qui nous mettent

(1) Archives municipales de Toulouse, Cultes, tome IV.
2) Archives municipales de Toulouse, Cultes, tome I.

au courant d'un vieil usage paroissial, tombé depuis longtemps en désuétude :

« Le droit de porter la *Croix des filles*, y est-il dit, a été mis aux enchères. Les *susdisantes* sont : Jeanne Lechez, Françoise Fontan, Marie Laffont, qui en donnent quatre livres payables à l'Invention de la sainte Croix de l'année prochaine.

« *A Saint-Simon, ce 2 mai 1790.*

« TREY-DOUSTAU, curé. »

« Le droit de porter la croix de la paroisse a été mis aux enchères ; les susdisants sont : Pierre Labadie, Antoine Capella et François Spérosel, qui en donnent sept livres et demi payables à l'Invention de la sainte Croix, 1791.

« *A Saint-Simon, ce 2 mai 1790.* »

Il résulte de ces deux notes que les jeunes filles et les jeunes gens se disputaient, à Saint-Simon, l'honneur de porter la bannière et la croix processionnelle, même au moment de la Révolution !

Un document important, dont nous avons pris copie aux archives de la préfecture, nous dit qu'à l'époque où M. Trey-Doustau était curé de Candie, six cents habitants de Saint-Simon faisaient la communion à Pâques, c'est-à-dire accomplissaient sans respect humain le devoir sacré du chrétien.

Lorsque la tourmente révolutionnaire eut cessé,

M. Trey-Doustau racheta à des particuliers le presbytère qui avait été vendu comme bien national.

Mais il fut bientôt après revendu par les héritiers du curé, et tomba entre les mains d'étrangers, qui le divisèrent en parcelles.

M. Trey-Doustau mourut le 30 nivôse an XI de la République (20 janvier 1803). Puisse-t-il à la fin de ses jours avoir rétracté ses serments sacrilèges, et réparé le scandale d'une triste défection !!

Il gouverna la paroisse pendant vingt-sept ans. Nous ignorons pendant combien d'années il desservit celle de Candie. La moyenne des naissances pendant son ministère fut de vingt-cinq par an et celle des décès de dix-neuf.

M. Louis-Pierre-Joseph-Urbain ROQUES

(1803-1814)

Né le 10 septembre 1742, M. Roques fut nommé curé de Saint-Simon par Monseigneur Primat, le 22 janvier 1803. Il était âgé de 61 ans. C'était l'époque du rétablissement du culte en France, et le Concordat commençait à être mis en vigueur.

Les héritiers de M. Trey-d'Oustau ayant vendu le presbytère à des particuliers, le premier soin du nouveau curé fut de chercher un logement convenable ; il le trouva sur le chemin de *Cantolaousetto*.

Les registres paroissiaux et fabriciens de cette époque ayant disparu, il nous est difficile de signaler les actes de l'administration de ce pasteur. Les vieillards eux-mêmes n'ont pu nous donner les moindres renseignements. Ce que nous pouvons affirmer sûrement, c'est que M. Roques dut consacrer plusieurs années à réorganiser sa paroisse. On sortait de la révolution, les églises avaient été fermées et leur mobilier brûlé, brisé ou profané. Tout dut être renouvelé. Il dut aussi réparer le mal fait par la défection de son prédécesseur et revalider bien d'actes religieux entachés de nullité.

Bientôt la vie paroissiale reprit son essor. Les jeunes filles de Saint-Simon se disputent l'honneur de porter aux processions, croix, bannières et pavillons ; bien plus, elles achètent ce droit : témoin le document suivant que nous copions sur une feuille isolée d'un registre de baptême :

« Noms des filles qui se chargent de faire ranger le pavillon et se réservent le droit de le porter jusqu'à leur mariage : Elisabeth Castan, Jeanneton Fabre, Marie Debatz, Elisabeth Jellé, Marie Castillon, Mondette Jolrac, Marie Delpech, Marguerite Savère. »

Il y a cent ans de cela, et aujourd'hui !!...

M. Roques fut onze ans curé de Saint-Simon. Il était âgé de 75 ans quand, en 1814, il fut remplacé par M. Canal...

Pendant les onze années de son ministère, on compte trois cent cinq naissances et deux cent cinquante-cinq décès. Excédent des naissances : cinquante.

M. Louis CANAL

(1814-1831)

Né en 1764, M. Canal avait 50 ans quand il fut appelé à succéder à M. Roques, le 22 septembre 1814. Il venait d'Auzeville dont il avait occupé la cure pendant neuf ans. L'empire venait de jouer sa dernière carte à la bataille de Toulouse, et les Bourbons, en la personne de Louis XVIII et de Charles X, remontaient sur le trône de France. Trois partis étaient en présence : ceux qui demeuraient fidèles à l'empire déchu ; les royalistes au pouvoir, et les partisans de la Révolution, vaincue par Napoléon, mais encore vivante. Le nouveau curé de Saint-Simon prit possession de sa paroisse en ce moment critique. Il se trouva en présence de difficultés sérieuses et d'oppositions systématiques. Pendant treize ans, il remplit avec zèle et dévouement son ministère, raison suffisante pour qu'on lui suscitât des entraves. Tel est le sort du ministre de Dieu dans une paroisse quand il veut être l'homme du *Devoir* et non l'homme des *transactions* et des *complaisances* indignes de son caractère. On raconte encore à Saint-Simon les tristes vexations qu'il dut subir, à l'avènement de la monarchie de juillet, de la part des révolutionnaires de l'endroit. Nous nous garderons de les raconter. Contentons-nous de flétrir la conduite de ces malheureux égarés qui n'exercent leur puissance que contre les faibles !! Il en est et il en a été toujours ainsi !!

M. Canal fut curé de Saint-Simon pendant dix-sept ans. Il aurait sûrement fini ses jours dans cette paroisse, à laquelle il avait consacré la meilleure partie de sa vie, mais les circonstances pénibles auxquelles nous faisions allusion précédemment le forcèrent, à l'âge de 67 ans, à demander son changement. Il fut nommé curé à Gragnague en 1831. Mais il ne survécut pas longtemps aux épreuves qu'on lui avait fait subir; il mourut trois ans après, en 1834, sur la paroisse Saint-Etienne où il s'était retiré.

Pendant les dix-sept ans de son ministère, trois cent soixante naissances et deux cent quatre-vingts décès sont consignés aux registres de la paroisse.

Excédent des naissances : quatre-vingts.

M. Henri-Célestin-Isidore DARASSUS

(1831-1834)

M. l'abbé Darassus passa seulement trois ans à Saint-Simon. Il arrivait de Grenade, où il était vicaire.

Né le 1er décembre 1804, il avait seulement 27 ans quand il prit possession de la paroisse. Bel homme, orateur, musicien, affable, il eut bientôt conquis ses paroissiens. Les rares vieillards qui encore se souviennent de lui sont unanimes à publier les qualités de ce bon prêtre et à blâmer la conduite de quelques turbulents qui lui firent mille méchancetés. Il demanda son changement et fut nommé à Drémil-Lafage et de là au Faget.

Son passage se signala par l'organisation d'un chœur remarquable de chantres. Sous son ministère, cent décès et quatre-vingt-quinze naissances.

M. Marie-Joseph BALIROS

(1808-1877)

L'abbé Baliros n'avait que 26 ans quand il prit possession de la cure de Saint-Simon.

Après un an de vicariat à Montastruc, ses supérieurs le jugèrent digne de prendre la direction d'une paroisse où ses parents possédaient quelques biens. Il y vécut 43 ans (1834-1877), la mort seule put briser les liens qu'il avait contractés avec son église.

Son ministère ayant duré près d'un demi-siècle, fut lié à un grand nombre d'événements paroissiaux que nous raconterons succinctement. Sa mémoire étant encore vivante chez la plupart des familles de Saint-Simon, on ne lira pas sans intérêt cette biographie.

M. Baliros avait à peine pris possession de son poste, quand un terrible fléau vint apporter la ruine et la consternation dans toute la contrée. Les chenilles dévorèrent pendant plusieurs années tous les produits de la terre, la vigne même, nous a raconté un témoin oculaire, était, en plein été, privée de ses feuilles. La misère régnait dans le pays. Justement ému de cet état de choses, le nouveau pasteur proposa à ses paroissiens d'aller en procession à Saint-

Sernin, prier devant les reliques des saints patrons Simon et Jude, et de faire le vœu d'y venir tous les ans si leurs prières étaient exaucées. De plus, on fit le vœu de consacrer dans l'église une chapelle à sainte Philomène dont Dieu manifestait alors la vertu par de nombreux miracles. Ces prières furent exaucées, et dès que le vœu fut solennellement prononcé, le fléau disparut pour toujours. Les processions à Saint-Sernin continuèrent à se faire tous les ans avec beaucoup de solennité, et quand de bon matin, au mois de juin, les paroissiens de Saint-Simon traversaient les rues de la ville en chantant les litanies, les Toulousains en les voyant passer ne manquaient pas de dire : « *Aqui la proucessiou de las vucquos.* »

On chantait la messe dans la basilique, et on retournait ensuite processionnellement à Saint-Simon. Mais... des abus graves s'étant introduits et les processions ayant été interdites, on dut renoncer à ce pieux pèlerinage.

Afin de perpétuer la mémoire de ce bienfait, on consacra une des deux chapelles de l'église au culte de sainte Philomène. Cette chapelle, dédiée précédemment à la Sainte-Famille, fut admirablement restaurée. Une magnifique statue de la grande thaumaturge fut commandée à Paris et placée dans une niche qui surmonte l'autel.

Pour remplacer la procession à Saint-Sernin, il fut décidé que le jeudi de la Fête-Dieu une messe serait dite tous les ans dans la chapelle Sainte-Philomène. Pendant longtemps, les habitants se souvenant du terrible fléau qui les avait frappés, firent de ce jour un jour *chômé*. L'église était pleine comme pour les grandes solennités. C'était le jour du vœu.

Depuis, on dit toujours la messe... Mais... les enfants se souviennent-ils du vœu de leurs pères?... Ils le devraient...

Deux ans après son arrivée à Saint-Simon, l'abbé Baliros, dans toute la vigueur de ses trente ans, songea à attirer les hommes à l'église en créant la Société du Saint-Sacrement. Il lui donna un règlement à peu près semblable à celui des sociétés du même nom établies dans le diocèse. Les membres de cette association devaient être fidèles à leurs pratiques religieuses, et rendre au Saint-Sacrement les honneurs convenables. Cette Société réunit bientôt l'élite des habitants de Saint-Simon. On songea alors, moyennant une cotisation mensuelle, à venir en aide, dans la maladie, aux membres actifs et à leur procurer avec des secours pécuniaires la visite gratuite du médecin et l'assistance de veilleurs dans la nécessité.

Cette Société existe encore, elle compte près de cent membres et possède des revenus importants, grâce à une sage administration et à la générosité de certains membres, spécialement du général de Croute, son ancien président. Elle célèbre sa fête, tous les ans, le dimanche du Saint-Sacrement. Ce jour-là, les dignitaires prennent place dans le banc d'œuvre que la société possède dans l'église depuis 1836. Ce jour-là aussi, la société offre le pain bénit à la paroisse et à ses membres; les frais d'illumination de l'église sont supportés par elle, et ses membres se réservent l'honneur de porter le dais à la procession de ce jour. C'est tout ce qui reste de l'institution primitive.

Ce fut à cette même époque, vers 1836, que M. Baliros conçut le projet d'agrandir l'église en prolongeant le chœur et en construisant une coupole sous laquelle reposerait le maître-autel.

Cette modification dut être coûteuse, nous ne pouvons en déterminer le chiffre, tous les documents des archives ayant disparu, mais il ne songea pas seulement à embellir le temple de Dieu. Il s'employa avec zèle au soin des âmes qui lui étaient confiées. De nombreux jeunes gens, de 15 à 25 ans, firent leur première communion. Nombreux furent aussi les hommes de 40 à 60 ans qui reçurent le sacrement de confirmation.

Il aimait l'éclat des cérémonies. Ceux qui l'ont connu parlent encore de la beauté de ses ornements, surtout de celui que son père lui avait offert le jour de sa première messe, et la splendeur des processions du Saint-Sacrement, qui parcouraient tous les ans à tour de rôle les divers quartiers de la paroisse.

Combien aussi étaient intéressantes à cette époque les processions des Rogations. Pendant trois jours, le pasteur se rendait sur tous les points de la paroisse afin de bénir les moissons naissantes et demander à Dieu de les conserver. Elles se terminaient le jour de l'Ascension par une procession à la Vierge de Foulquier, depuis longtemps vénérée dans la contrée.

Les ressources de la paroisse ne permettant pas de payer un organiste, M. Baliros acheta et fit placer à

BIBLIOTHÈQUE NATIONALE R.F. IMPRIMÉS

la tribune un *orgue à manivelle* qui faisait beaucoup de bruit et faisait entendre des morceaux de musique religieuse, mais le répertoire n'était pas riche, et *c'était toujours la même chose*. On vendit cet orgue et on le remplaça par un harmonium.

Il acheta quatre cloches. La première, la plus grosse, fut fondue en 1834 ; elle eut pour parrain Jean-Baptiste Recoules, et pour marraine Martine Mis. Elle est dédiée à l'apôtre saint Simon et porte pour exergue : *Sit nomen Domini benedictum.*

La deuxième fut fondue en 1843 ; son parrain fut Joseph Sorbier et sa marraine, Irma Davezan.

Les deux autres furent fondues, comme les précédentes, dans les ateliers de Louison, à Toulouse, en 1844. L'une eut pour parrain et marraine Joseph Sorbier et la marquise de Cambon ; l'autre, Auguste Conezil et Anne Recoules.

Vers la moitié du dix-neuvième siècle, la population de la banlieue de Toulouse ainsi que des faubourgs avait beaucoup augmenté. L'administration diocésaine, afin de rendre plus commode le service religieux, dut créer de nouvelles paroisses. Trois furent érigées dans le canton de Saint-Nicolas, deux dans les faubourgs de la *Patte-d'Oie* et de la *Croix-de-Pierre* sous les vocables du *Sacré-Cœur* et de *Saint-François-Xavier*, une troisième dans la banlieue, dans le quartier de *Lafourguette* qui jusqu'alors dépendait en partie de Saint-Simon.

Ce fut le 23 juin 1848 que Monseigneur d'Astros érigea et fixa les limites de la nouvelle paroisse. Les protestations faites par M. Baliros et le Conseil de

Fabrique de Saint-Simon au sujet du morcellement de leur paroisse demeurèrent sans résultat ; ils n'obtinrent pas même que le *berceau de la paroisse, Candie, son vieux château et les restes de son église*, demeurassent comme souvenir. Désormais, le versant est du plateau devait appartenir à la nouvelle paroisse. Aujourd'hui, la fille est plus riche que la mère, et la paroisse de Lafourguette compte plus d'habitants que celle de Saint-Simon.

Dans le cours de son ministère, M. Baliros n'eut pas de grandes consolations ; un vent d'indifférence avait soufflé sur la contrée et avait atteint ceux qui jusque-là avaient été les plus fidèles à leur religion. Pour ranimer la foi, il fit donner plusieurs missions, mais les résultats furent peu consolants.

Frappé à l'âge de soixante-six ans d'un mal qui lui enleva insensiblement l'usage de ses membres et de ses facultés, M. Baliros dut demander un vicaire ; l'administration diocésaine confia ce poste à M. l'abbé Larroque qui passa à peine quelques mois à Saint-Simon, et pourtant son souvenir est encore vivant chez ceux qui furent témoins de sa piété et de son zèle. Mais le mal faisant des progrès rapides, le curé fut obligé de cesser tout ministère. Il se retira au château de la Glacière, qu'il venait d'acheter. M. l'abbé Bazy, curé de Labastide-des-Feuillants, fut nommé vicaire-régent, au commencement de l'année 1877. Au mois d'août de cette même année, M. Baliros rendait son âme à Dieu. Il avait gouverné la paroisse pendant 43 ans.

Reproduisons ici l'éloge que la *Semaine catholique de Toulouse* fit à l'occasion de cette mort :

« Lundi dernier, 28 août, M. le Curé de Saint-Nicolas, assisté de plus de vingt prêtres, rendait les derniers honneurs à l'un des plus anciens membres de sa Conférence, M. Baliros, curé de Saint-Simon, dans la banlieue de Toulouse.

« Le plus bel éloge que nous puissions faire de M. Baliros est l'énumération des œuvres qui ont été l'objet de ses dernières volontés.

« Il légua dix mille francs pour une bourse au Grand Séminaire, six mille francs à l'Hospice de la Grave, deux mille francs aux jeunes Aveugles, deux mille francs à l'Orphelinat de Francazal, dix mille francs pour d'autres pieuses destinations, deux mille francs pour messes à son intention et deux maisons à la Fabrique de son église.

« On sait que M. Baliros possédait un patrimoine considérable; l'usage qu'il en a fait en quittant le monde doit rappeler aux dépositaires de la fortune qu'il leur importe de placer une partie de leur trésor à l'abri de la rouille et des voleurs. »

(*Semaine catholique* du 2 septembre 1877.)

Pendant le long ministère de M. Baliros, il y eut sept cent quarante-sept naissances et huit cent cinquante-six décès.

M. BAZY

(1877-1880)

M. Bazy passa seulement trois ans à Saint-Simon. A la mort de M. Baliros, il fut nommé curé. Son séjour dans cette paroisse ne fut pas inactif. Bien des choses laissaient à désirer; il s'appliqua à faire de sérieuses réformes et à mettre de l'ordre dans les finances et l'administration fabricienne et paroissiale. Il eut à soutenir les droits de la fabrique devant les tribunaux, il le fit avec tout le zèle et le dévouement qu'un curé doit apporter dans la défense des droits de son église. Le 17 juin 1878, Monseigneur Desprez vint visiter la paroisse et donner le sacrement de confirmation à soixante enfants. Trente d'entre eux venaient de faire la première communion.

Les affaires importantes qu'il eut à traiter, les réformes qu'il eut à faire, n'empêchèrent pas M. Bazy de songer au bien spirituel de ses paroissiens. Les deux confréries de *Saint-Joseph* et du *Rosaire* qu'il a établies, en sont encore le vivant témoignage. Des infirmités naissantes le forcèrent à abandonner l'administration d'une paroisse trop étendue. Monseigneur l'Archevêque le nomma, en 1880, aumônier des religieuses du Calvaire à Toulouse. Depuis, il devint chanoine prébendé. Il est mort en 1904, emportant les regrets de tous ceux qui avaient apprécié son zèle et son dévouement. A Saint-Simon, on conserve encore de lui le meilleur souvenir.

M. FALQUET

(1880-1882)

M. Bazy et M. Falquet furent plutôt montrés que donnés à la paroisse de Saint-Simon.

Après avoir été dix ans vicaire à la paroisse Saint-Sernin, M. Falquet fut nommé curé de Saint-Simon, le 20 septembre 1880.

Il resta environ deux ans dans cette paroisse. Il ne nous appartient pas de louer les vivants. Résumons les principaux faits de son administration. Prédication d'un jubilé, par M. l'abbé Marceille, aumônier militaire (septembre 1881); première communion (octobre 1881); cérémonie de la confirmation (45 enfants) et bénédiction de la statue de sainte Anne par Monseigneur Desprez (novembre 1881); mission prêchée par les RR. PP. Avignon et Irat pendant trois semaines (du 4 au 25 décembre); restauration du buste de saint Simon et du reliquaire artistique de saint Sébastien. Don à la paroisse d'une relique précieuse de saint Simon, offerte par M. Albouy, curé de Saint-Sernin, à son ancien vicaire. Le 2 juin 1882, M. Falquet était nommé curé-doyen de Fronton. Vingt-deux ans après (1904), Monseigneur Germain l'a nommé archiprêtre de Muret.

M. Léon-François-Urbain SERVAT

(1882-1890)

Après avoir été vicaire de Colomiers, prêtre-sacristain à la Métropole, aumônier des Bénédictines à

Toulouse, M. Servat fut nommé curé de Saint-Simon le 28 juillet 1882 et installé solennellement le 13 août par M. Moulins, chanoine honoraire et secrétaire de l'archevêché.

Ce *bon petit curé* passa huit ans à dépenser toutes les ressources de son zèle à faire fructifier le champ bien stérile que la divine Providence confiait à ses soins. Si ses efforts ne furent pas couronnés d'un succès bien mérité, si dans un moment de découragement il demanda à l'administration diocésaine un petit emploi, où il retrouverait le calme que les soucis d'un ministère infructueux avaient chassé depuis longtemps de son âme vraiment sacerdotale, il n'a pas moins laissé l'empreinte de son labeur, car aujourd'hui encore, tous ceux qu'il évangélisa se plaisent à louer sa piété et son dévouement constant pour les enfants, les malades et les mourants.

On doit à M. Servat les chapelles de Saint-Joseph et du Purgatoire. La première fut construite avec une somme de deux mille francs donnée par M. Roger, vicaire-général, au nom de M. Baliros, ancien curé, et avec des ressources particulières fournies par quelques fidèles de Saint-Simon. Pour la chapelle du Purgatoire, M. Servat demanda quatre cents francs à la fabrique et se chargea de toutes les autres dépenses, qui lui furent fournies par quelques paroissiens dévoués à cette œuvre.

Sous son ministère, furent terminés les procès intentés par la famille de M. Baliros à la fabrique, qui entra en possession du presbytère contesté jusqu'alors.

Pendant les huit années qu'il passa à Saint-Simon, il prépara plus de *cent enfants* à la première communion.

Le cardinal Desprez, qui l'estimait beaucoup, vint *trois fois* donner la confirmation aux enfants de la paroisse. Le 9 novembre 1887, ce prélat bénit la nouvelle chapelle de Saint-Joseph ainsi que les deux statues de saint Augustin et du Sacré-Cœur, données par une personne de la paroisse.

En 1886, un *Jubilé* fut prêché pendant huit jours, et le bon pasteur eut la consolation de voir *trois cent quatre-vingts* personnes à la Sainte-Table, ce que (disent les annales paroissiales) l'on n'avait pas vu depuis longtemps.

Nommé aumônier des Clarisses, à Toulouse, il ne trouva pas la paix qu'il espérait en quittant Saint-Simon. Devenu depuis curé de Montaudran, il se sentit porté vers la vie religieuse, et entra chez les Olivetains de Saint-Bertrand de Comminges afin de finir ses jours dans le recueillement et la prière. Il n'en fut pas ainsi; cette congrégation s'étant dispersée, il revint à Toulouse pour y mourir peu après, emportant les regrets des nombreux amis que son affabilité lui avait toujours attirés.

M. Eugène BOUSCATEL

(1890-1899)

Condisciple de M. Servat, M. l'abbé Bouscatel fut appelé à lui succéder. Nommé le 27 juin 1890, il fut installé le 30 du même mois par M. le Curé-Doyen de Saint-Nicolas.

Dès son arrivée, il se donna tout entier à sa paroisse, comme il s'était donné à celle de Ségreville, où il passa les meilleures années de sa jeunesse sacerdotale. Grépiac aussi garde de ce pasteur le meilleur souvenir.

Comme il aimait la splendeur des cérémonies et du chant ! Musicien passionné, quels sacrifices et quelles fatigues ne s'imposa t-il pas pour obtenir dans son église une belle exécution des œuvres des grands maîtres ! Ce fut un apostolat qui attira souvent dans le temple, trop souvent abandonné, un grand nombre de fidèles.

Comme il aima aussi son presbytère ! et combien généreux fut-il pour agrandir et rendre agréable et utile cet enclos et cette maison où, dès son arrivée, il avait résolu de finir ses jours.

Tel nous l'avons connu au séminaire, bon, aimable et jovial, tel il fut au milieu de ses paroissiens. Combien de fronts tristes se sont souvent déridés en entendant quelqu'une de ses spirituelles saillies.

Rien de bien remarquable n'est à signaler dans le cours de ce ministère de dix années. Mentionnons pourtant la *confirmation* du 11 octobre 1891. Ce jour-là, le Cardinal Desprez et Monseigneur Delannoy, évêque d'Aire, présidèrent les vêpres. Deux trônes avaient été dressés dans le sanctuaire pour les deux prélats. Une foule immense s'était rendue pour assister à cette imposante cérémonie. Ce jour-là aussi les deux évêques inaugurèrent les travaux entrepris généreusement par M. le Curé pour l'agrandissement du presbytère.

Rongé depuis quelques années par un mal cruel et implacable, l'abbé Bouscatel voyant tous les jours sa santé dépérir, sentant sa fin prochaine, voulut, un an à peine avant sa mort, faire donner une mission à ses chers paroissiens. Il eut la douce consolation de les voir pendant trois semaines accourir en foule pour entendre la parole de Dieu, et surtout de voir un très grand nombre s'approcher de la Sainte-Table au jour de la clôture. Jamais on n'avait vu tant d'hommes accomplir, sans respect humain, leurs devoirs de chrétiens.

Heureux d'avoir ainsi fait du bien à son cher troupeau, ce bon pasteur put chanter son *Nunc dimittis*, non pas sans avoir enduré d'horribles souffrances et sans les avoir supportées avec une patience et une résignation qui firent l'édification de ceux qui l'entouraient de leurs soins fraternels et dévoués. Il rendit son âme à Dieu le 11 août 1899, à l'âge de cinquante-cinq ans. Et nous, qui écrivons ces lignes, non sans émotion, fûmes désigné pour remplacer nos deux chers condisciples Servat et Bouscatel. Tous les trois, en effet, étions du même âge, avons suivi les mêmes cours, avons été ordonnés prêtres la même année. Eux nous ont précédé auprès de Dieu. Puissions-nous continuer sans découragement à défricher le champ qu'ils ont arrosé de leurs sueurs et de leurs sacrifices.

2° L'Eglise actuelle.

1° Le Sanctuaire

Il est surmonté d'une coupole sous laquelle se trouve le maître-autel en marbre. Cet autel fut consacré par Monseigneur Desprez. De chaque côté, deux vitraux sans valeur artistique. Ils représentent saint Louis et sainte Françoise, patrons des époux Vitaux qui en furent les donateurs.

Tout récemment, un artiste de talent, M. Béringuier, professeur à l'Ecole des Beaux-Arts, a peint sur la coupole le *Triomphe du Christ*. Au milieu d'un nimbe d'or, le Sauveur s'envole vers le ciel en bénissant la terre. Deux anges sont à genoux à ses pieds, l'un porte la croix de la Rédemption, l'autre prosterné adore.

2° Le Chœur

Il est éclairé par deux larges fenêtres. Huit stalles en bois de noyer, deux belles statues polychromées du Sacré-Cœur et de saint Augustin ; deux tableaux peints à l'huile avec cadre doré représentant la communion de saint Jérôme et une descente de croix ; (ces deux copies de deux grands chefs d'œuvre n'ont pas été faites par un pinceau malhabile). Enfin, les bustes des deux apôtres saint Simon et saint Jude avec leurs précieuses reliques, forment l'ornementation de cette deuxième partie de l'église.

3° La Nef

Longue de vingt-mètres sur dix de large, haute de douze, éclairée par huit grandes fenêtres carrées, la nef se présente sous de vastes proportions. Son plafond qui vient d'être refait complètement et sur lequel l'habile pinceau de Béringuier a dessiné et peint des arabesques et des motifs *Renaissance* ravissants, forme dans son centre un grand ovale au milieu duquel l'artiste a représenté l'apothéose de saint Simon, patron de la paroisse. Cette fresque produit un grand effet.

Six tableaux peints à l'huile, entourés d'un cadre d'or, ornent la nef. Le premier, en face de la sacristie, représente l'*Ascension;* le deuxième, sur la porte de la sacristie, l'*Assomption;* le troisième, au-dessus du banc du Purgatoire, fut envoyé de Paris par le chevalier de Mauco, en 1827; c'est l'œuvre d'un peintre espagnol; le quatrième fut donné en 1834 par M. Marabelle, propriétaire à Saint-Simon: il représente une sainte couronnée de roses et à genoux. Dans le haut, deux anges lui disent: *Exaudita es* (tu es exaucée); le cinquième, *un grand Christ en croix*, fait face au chœur; avant que le grand arceau du sanctuaire ne fût ouvert, ce grand tableau devait être placé au-dessus de l'autel et adossé à cette grande muraille; le sixième, très délabré, placé sous la tribune, représente *Jésus à la colonne de la flagellation*. Trois bancs d'œuvre, une modeste chaire à cinq panneaux carrés, les quatorze tableaux du chemin de la Croix, un statue de saint Antoine de Padoue, une Notre-Dame de Pitié (donnée en mai 1905), une Sainte-Face avec encadrement en cuivre doré, cinq lustres en cuivre et deux belles lampes du sanctuaire complètent la décoration de la nef, toute belle sous ses fraîches peintures.

N'oublions pas le Christ en fonte qui fait face à la chaire (souvenir de la mission de 1898) et le petit chef-d'œuvre placé sur le banc des marguilliers, le *Martyre de saint Sébastien.* Sculpté sur bois, cet objet d'art représente le saint attaché à une colonne et mourant sous les coups des flèches qui ont percé son corps. Nous ignorons et le nom de l'artiste qui a fait cette œuvre et comment elle est arrivée jusqu'à nous. Rien dans nos pauvres archives n'en indique la provenance. Ce buste dut sans doute être un reliquaire, car on y voit encore la place où furent déposées les reliques de ce grand saint.

4° Les Chapelles

L'église de Saint-Simon possède six chapelles : primitivement, elle n'en avait que deux formant avec la nef et le sanctuaire une croix latine.

1° *La chapelle de la Sainte Vierge.* – Cette chapelle a pour ameublement un autel en marbre surmonté par une Vierge en bois doré, tenant un sceptre dans la main droite et l'Enfant Jésus sur le bras gauche; aux murailles latérales, sont appliqués deux tableaux peints sur toile, représentant, l'un l'Annonciation, et l'autre l'Assomption. Ce dernier fut peint par un artiste de talent. Il est signé *Parant*, carmélite, LI et PI, 1781. C'est donc un religieux carme qui a créé et peint ces tableaux. Il nous est impossible de savoir comment ils sont venus dans notre église. Deux autres de moindre importance représentent sainte Madeleine et la Sainte Famille. A l'entrée de la chapelle, sont deux statues : la *Vierge de Lourdes* et *sainte Anne.*

2° *La chapelle de Sainte-Philomène*, qui formait avec celle de la Sainte Vierge les bras de la croix, porte encore les traces d'une décoration de bon goût que l'humidité détruit tous les jours, un autel en marbre, une statue de la sainte à la figure très expressive sortant des ateliers d'un sculpteur parisien, un vitrail artistique donné par M. Doumenc, alors propriétaire de Monlong, un grand tableau sur toile, la *Sainte-Famille de Nazareth,* avec cette inscription : *Erat subditus illis*; des armoiries, celles peut-être du seigneur de Saint-Simon, forment l'ornement de cette chapelle.

3° *La chapelle de Sainte-Germaine*, complètement ravagée par l'humidité, voit disparaître tous les jours une belle fresque murale représentant l'apothéose de la Sainte ; nous y remarquons un très bel autel en marbre, surmonté d'une statue en bois doré et d'un riche reliquaire, entouré à droite et à gauche de deux vitraux représentant la Bergère et le miracle des fleurs. Enfin, un tableau peint sur toile à cadre doré, *Germaine donnant son pain aux pauvres*; cette chapelle fut construite par M. Baliros.

4° *La chapelle de Saint-Joseph* se distingue par la richesse de ses décorations murales, son bel autel en marbre et la statue du saint patriarche richement polychromée; elle fut construite par M. Servat, avec les fonds laissés par M. Baliros et inaugurée par le Cardinal Desprez, en mai 1888.

5° *La chapelle du Purgatoire,* plus petite que les autres, fut ouverte par M. Servat. Ses murs sont complètement dévorés par l'humidité et aucune décoration ne peut y être faite; un bel autel en marbre noir et blanc en forme toute la parure.

6° Si les murs de la chapelle des fonts-baptismaux ne sont pas humides comme son vis-à-vis, sa décoration grossière ne dénote pas un artiste. Toutefois, le groupe en terre cuite du Baptême de Notre-Seigneur par saint Jean-Baptiste, élevé sur un socle de rocailles, produit un assez bel effet.

Ces six chapelles, dont les arceaux sont égaux, forment un bel ensemble dans la nef. Les quatre premières se font distinguer par leur largeur, leur profondeur et une hauteur convenables.

Si maintenant sortant de l'église nous pénétrons au dehors, nous verrons une façade entièrement délabrée, dévorée par le salpêtre et l'humidité. Ce monument mériterait que la municipalité fît passer sur ses murs un enduit qui lui rendît sa première fraîcheur, car, ainsi restauré, il ferait l'ornement d'une place où toute la population se groupe pour célébrer ses fêtes profanes.

3° Statistique paroissiale.

D'après le relevé de tous les décès et naissances qui ont eu lieu à Saint-Simon depuis 1795 jusqu'à nos jours, nous avons constaté douloureusement que, si dans la première moitié du siècle dernier les naissances ont dépassé les décès, dans la seconde les décès ont dépassé de beaucoup les naissances. Cette constatation qui est générale dénote une de nos grandes plaies sociales, que les économistes distingués de nos jours ne cessent de déplorer à cause du mal qu'elle fait à la prospérité de la nation.

Il résulte de ce tableau qui comprend une période de cent ans, que dans les cinquante premières années du siècle, il y a eu douze cent huit naissances et mille soixante-deux décès. Donc, excédent de naissances, cent quarante-six.

Dans la deuxième partie du siècle, il y a eu six cent quatre-vingt-une naissance et mille quatre décès. Donc, excédent de décès, trois cent vingt-huit.

Constatons que la diminution constante des naissances remonte à quarante ans à peine et qu'elle fait tous les ans des progrès rapides. Est-ce là un progrès profitable au pays et aux mœurs ! ! !

Périodes décennales

De 1795 à 1805	Naissances..........	275
	Décès...............	206

Excédent de naissances, 69.

De 1805 à 1815	Naissances	285
	Décès	244

Excédent de naissances, 41.

De 1815 à 1825	Naissances	279
	Décès	186

Excédent de naissances, 93.

De 1835 à 1845	Naissances	204
	Décès	227

Excédent de décès, 23.

De 1845 à 1855	Naissances	215
	Décès	198

Excédent de naissances, 17.

De 1855 à 1865	Naissances	158
	Décès	171

Excédent de décès, 13.

De 1865 à 1875	Naissances	128
	Décès	198

Excédent de décès, 70.

De 1875 à 1885	Naissances	143
	Décès	185

Excédent de décès, 42.

De 1885 à 1895	Naissances	135
	Décès	234

Excédent de décès, 99.

De 1895 à 1905	Naissances	113
	Décès	211

Excédent de décès, 98.

CHAPITRE VIII

Autrefois et Aujourd'hui.

Nous avons parlé longuement du Saint-Simon d'autrefois. Il me semble entendre certains me dire : parlez-nous donc du Saint-Simon d'aujourd'hui ! A quoi bon faire revivre un passé qui n'est plus ! mais n'est-ce pas le rôle de l'historien de recueillir tous les souvenirs du passé afin de les présenter à la génération actuelle ?... Pour les satisfaire, établissons une comparaison qui fera ressortir les progrès matériels réalisés depuis un siècle ; tableau qui peut avoir pour titre : « Autrefois et aujourd'hui. »

Autrefois — très peu peuplé — le plateau de Lardenne, depuis l'endroit où le Touch se jette dans la Garonne, jusqu'à la rive gauche de ce fleuve, près de Portet, est *aujourd'hui* couvert de nombreuses habitations, et surtout de charmantes et agréables villas.

Autrefois, ce territoire était entre les mains de quelques Seigneurs qui percevaient les revenus des terres qu'ils concédaient à fief à des particuliers. *Aujourd'hui*, la grande propriété a disparu, et ces immenses biens se sont morcelés à l'infini et sont en la possession du plus grand nombre des habitants.

Autrefois, aux deux extrémités du plateau, deux églises peu centrales adossées à un château, recevaient les fidèles de toute la contrée. *Aujourd'hui* trois nouveaux temples spacieux s'élèvent au *milieu* de trois paroisses: Celle de *Saint-Michel-Ferréry*, *Lardenne*, avec deux mille habitants; celle de *Saint-Simon* avec mille habitants, et celle de *Lafourguette* avec mille deux cent cinquante habitants, population doublée pendant les mois d'été, alors que les familles de la ville viennent occuper leurs gracieuses maisons de campagne.

Autrefois, quelques mauvais chemins et de nombreux sentiers desservaient le plateau; *aujourd'hui*, de nombreuses voies, très bien entretenues, rendent les communications faciles avec la ville et les contrées voisines.

Autrefois, les moyens de locomotion étaient très élémentaires. On voyageait à pied, les privilégiés possédaient une modeste monture et quelque mauvaise carriole et nul service public n'existait pour faciliter les relations avec la ville. *Aujourd'hui*, plusieurs fois par jour, les trois paroisses sont desservies par un service régulier d'omnibus. Trois voies ferrées traversent le plateau dans sa longueur et y ont des stations pour y déposer ou prendre les voyageurs. Quel est le propriétaire possédant un jardin ou une vigne qui n'ait en sa possession un cheval et un véhicule confortable? quel est le jeune homme ou l'ouvrier qui n'use de la bicyclette pour se rendre promptement et sans trop de fatigue au travail journalier ?

Autrefois, pendant longtemps inculte, ce plateau est *aujourd'hui* couvert de riches vignobles, de jardins plantureux et de champs donnant d'abondantes récoltes, pas un petit coin de terre qui ne soit cultivé.

Pour tempérer l'ardeur du terrain, des puits à roues fournissent l'eau nécessaire à l'arrosage ; de plus, le canal de Saint-Martory déverse ses eaux dans toute la contrée et permet ainsi, à plusieurs, la culture intensive, source de beaux revenus.

Autrefois, l'éclairage des agglomérations du plateau laissait beaucoup à désirer, quand il n'était pas nul. *Aujourd'hui*, les principales rues, les quartiers les plus importants sont éclairés au gaz comme à la ville.

Autrefois, le service de la poste et la distribution des correspondances étaient loin d'être satisfaisants. *Aujourd'hui*, deux fois par jour, des lettres sont distribuées aux destinataires. Mais les populations du plateau de Lardenne ne seront satisfaites que le jour où elles auront chacune un vrai bureau de postes et un télégraphe ou téléphone, pour communiquer rapidement dans des circonstances nécessaires et imprévues comme cela existe dans les plus petites communes.

Autrefois, l'enseignement primaire était sommaire quand il n'était pas nul ; de modestes maisons d'école étaient établies dans les trois paroisses du plateau. *Aujourd'hui*, la ville de Toulouse a fait grandement les choses et a construit à Lardenne, Saint-Simon et

Lafourguette trois vrais palais scolaires avec le confortable et l'aménagement le plus moderne.

Autrefois, les logis du peuple étaient humbles, modestes et pauvres ; la plupart construits en pisé et à bas étage ; par ci, par là, il en reste encore quelques témoins. *Aujourd'hui*, la demeure des moins fortunés annonce un confortable inconnu des aïeux.

Autrefois, le vêtement des indigènes était simple et traditionnel. La famille était nombreuse et les enfants s'occupaient tous comme leurs pères au travail des champs; modestes dans leurs goûts, ils l'étaient aussi dans leurs dépenses. *Aujourd'hui*, et c'est là une des grandes plaies du siècle, l'amour du luxe et du confortable, prime toutes choses. La jeune fille du peuple veut être aussi bien mise que la grande dame. Le jeune homme en général ne veut plus travailler la terre comme son père, mais cherche une occupation rémunératrice dans l'industrie, le commerce ou les services d'Etat. La couture à la machine est établie dans toutes les maisons où il y a une jeune femme et une jeune fille. Aussi trouve-t-on difficilement le personnel nécessaire au travail des champs et cependant la terre est la grande nourrice de l'humanité. Qu'arrivera-t-il si les bras manquent pour la travailler et si les indigènes ne veulent plus la cultiver ?

•

Nous pourrions poursuivre ce parallèle : *aujourd'hui* serait tout à l'avantage matériel de la population et du progrès moderne ; mais au point de vue moral et religieux, ne souffrirait-il pas de sa comparaison avec *hier?*

Habitants du plateau de Lardenne, aimez votre petite patrie, ne la désertez pas. Jeunes gens, restez attachés au sol familial. Vos pères l'ont acquis et arrosé de leur sueur; ils vous l'ont transmis ou vous le transmettront; conservez-le pour le donner ensuite à vos enfants comme un héritage sacré. Aimez la maison plus ou moins modeste où vous êtes né, et où vous avez grandi sous les tendres caresses d'une bonne mère et le dévouement souvent accompagné de sacrifices de votre père. Aimez votre église, aimez le cimetière; là reposent vos aïeux !

Combien serions-nous heureux si ce modeste travail faisait naître chez tous ceux qui le liront :

L'amour de ce plateau qui domine Toulouse,
La nourrit de ses fruits, l'embaume de ses fleurs,
Parsemées çà et là sur la verte pelouse,
Et de tous ses produits lui donne les primeurs.

Citons en terminant la charmante poésie que M. Paul Cordeil nous avait adressée quelques mois avant sa mort.

SAINT-SIMON

C'est un petit pays près de la grande ville ;
On y vient aisément à pied, d'un pas tranquille,
En voiture, en tramway, même en chemin de fer,
Par la route qui fuit de châlets en cottages,
Dont les toits espacés ou groupés en villages,
Reluisent au soleil, roses sur un fond vert.

C'est un petit pays, vrai pays de cocagne,
Où les bons Toulousains s'en vont « à la campagne »,
Sans envier Bigorre ou regretter Luchon.
C'est que, par les beaux jours et par les nuits sereines,
On peut gravir les monts et parcourir les plaines
Sans trouver son pareil à notre Saint-Simon.

Ville ou cité ne peut, et village ne daigne ;
Une bonne maison peut se passer d'enseigne,
Et pour la distinguer, c'est assez de son nom.
On vante ses primeurs, ses fruits, sa flore exquise ;
Et l'on dit — entre nous, c'est une chose acquise —
Que les vins de Bordeaux viennent de Saint-Simon.

Il y a des châteaux au penchant des collines,
Et, parmi les villas, de chétives chaumines
Où s'accrochent le lierre et les rosiers grimpants.
Mais de leurs agréments les villas sont jalouses
Et s'entourent de murs pour cacher leurs pelouses
Et leurs jardins fermés aux regards des passants.

On entend les chansons sonner parmi les roses,
Et des rires tinter par les portes mi-closes :
Mai prodigue ses fleurs ou juillet sa moisson.
Ou bien, adieu paniers, les vendanges sont faites,
Et ce sont les échos de nos dernières fêtes
Dont on entend vibrer le joyeux carillon.

Mais de ce paradis la plus belle parure
Ce n'est pas « Règuelongue » et sa double bordure
De jolis magasins à l'instar de Paris ;
Et ce n'est pas non plus la belle compagnie
Qui passe en des atours et se presse, ravie,
Sur la Place où l'on danse, aux fêtes du pays.

Ce n'est pas « l'Orphéon » marchant sous sa bannière
De succès en succès jusqu'à « la Cannebière »,
A travers les concours de maint département.
Et ce n'est pas, malgré son but de prévoyance,
De mutualité, d'amicale assistance,
Notre « Société du Très-Saint-Sacrement ».

Nos joyaux, notre écrin de fines pierreries,
Qui mieux que nos guérets, nos vignes, nos prairies,
Ajoutent une grâce à notre beau renom,
Ce sont nos fiers garçons, nos douces jeunes filles,
Gaîté de nos foyers, orgueil de nos familles,
Espoir de Saint-Simon.

P. C.

BIBLIOTHÈQUE NATIONALE
R.F.
IMPRIMÉS.

Saint-Simon, octobre 1904

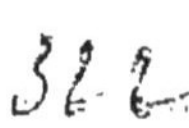

TABLE DES MATIÈRES

BIBLIOTHÈQUE NATIONALE
IMPRIMÉS

Toulouse. — Impr. Saint-Cyprien, allées de Garonne, 27.

www.ingramcontent.com/pod-product-compliance
Ingram Content Group UK Ltd.
Pitfield, Milton Keynes, MK11 3LW, UK
UKHW021108220726
13924UKWH00004B/1581

9 782019 939014